LE SERPENT
SOUS L'HERBE,

PAR

ARSÈNE HOUSSAYE.

II

PARIS
DESESSART, ÉDITEUR,
15, RUE DES BEAUX ARTS.
M DCCC XXXVIII.

LE SERPENT
SOUS L'HERBE.

Romans de M. Arsène Houssaye.

Les Aventures galantes de Margot.
  Vignettes sur bois.   1 vol. in-8º.
La Pécheresse.   2 vol. in-8º.
La Couronne de Bleuets.
  Eau forte de Théophile.   1 vol. in-8º.
Le Serpent sous l'herbe.   2 vol. in-8º.

Sous presse.

La Belle au bois dormant.   1 vol. in-8º.

Histoire du Roman et des Romanciers. 2 vol. in-8º.

Imprimerie de BOURGOGNE et MARTINET,
30, rue Jacob.

LE
SERPENT
SOUS L'HERBE,

PAR

ARSÈNE HOUSSAYE.

II

PARIS
DESESSART, ÉDITEUR,
15, RUE DES BEAUX ARTS.
M DCCC XXXVIII.

LIVRE V.

Quelques jours après la mort de sa mère, Robert songeant qu'il n'avait plus d'argent, retourna à Paris, où il eut encore recours à la médecine homœopathique. Un conte d'Hoffmann—*Le Magnétiseur*—lui dévoila des mystères qu'il cherchait depuis long-temps;

il se perdit dans l'étude des sciences occultes, et devint lui-même un magnétiseur célèbre; les femmes les plus rebelles furent soumises à sa puissance de démon, et il ne se rencontra pas un homme, ni même un docteur de la vieille roche, qui osât à sa face nier le magnétisme.

Il passait la moitié de son temps à chercher sa sœur. — En vain, avant son retour à Paris, il s'était arrêté à l'hospice où la maîtresse d'école l'avait déniché; l'hospice avait changé de sœurs; il apprit vaguement qu'à la chute de l'empire, durant les troubles des Cosaques dans le pays, l'enfant déposée à l'hospice en même temps que lui disparut à jamais.

Il se croyait déjà mort à l'amour, et depuis long-temps désenchanté du monde, il rêvait avec délices à passer ses derniers jours dans l'île de Soucy, dans le pavillon où sa mère était morte. — Aussi l'enfant prodigue, qui avait toujours si follement dépensé son esprit, sa gaieté, l'argent qu'il avait et l'argent qu'il n'avait pas, devint tout-à-coup avare comme Harpagon, voulant amasser quelques bribes de fortune pour retourner au plus vite près de sa chère hôtesse.

En descendant un jour du pont des Arts, il vit un groupe immense de promeneurs autour d'un industriel assez curieux. — C'était un homme de mauvaise mine qui vendait aux passants la liberté de quelques pauvres oiseaux qu'il avait attrapés. Les tristes esclaves redemandaient le ciel, leur patrie, par des cris gémissants, et la foule insensible, qui avait de l'argent pour passer le pont, regardait insoucieusement les oiseaux encagés sans songer à leur délivrance. Une marchande de bouquets traversa la foule en secouant un enivrant parfum de violettes et de roses de mai. Il y avait là des femmes avec leurs amants et avec leurs maris; les maris et les amants s'empressèrent d'offrir des bouquets à leurs belles. L'une d'elles dit à l'un d'eux, qui lui offrait des roses de mai : — J'aimerais mieux voir s'envoler une hirondelle. L'amant ou le mari s'empressa de donner deux sous à l'oiseleur, et l'oiseleur ouvrit la porte de la cage : une mésange, qui guettait l'instant propice, prit son vol et disparut dans le ciel. Robert regarda avec reconnaissance la plus humaine de toutes les femmes qui étaient là; un long voile noir empêchait de voir sa figure.

L'oiseleur, qui avait refermé la cage, répéta son refrain : — Messieurs et mesdames, mesdames et messieurs, un peu d'humanité, s'il vous plaît. — Voyez comme ces pauvres oiseaux souffrent dans cette prison, tandis qu'ils seraient si bien dehors. — Voyez les battre piteusement des ailes en demandant la liberté que je ne vends que deux sous. — Deux sous, messieurs, deux sous, mesdames, et les prisonniers s'envoleront au ciel en chantant vos louanges. Ayez pitié d'eux. Les rochers verseraient des larmes en les voyant si malheureux dans cette cage, en entendant leurs plaintes qui me déchirent les entrailles. Que les riches sont heureux de secourir les affligés ! je voudrais être riche. — Hélas ! si j'avais seulement du pain à donner à mes pauvres enfants et à ces pauvres oiseaux ! — Admirez leur beau plumage et leurs pattes mignonnes ;— plaignez-les et secourez-les.

— Cet oiseleur, pensait Robert, dont les yeux demeuraient attachés sous le voile de la plus humaine, cet oiseleur ressemble singulièrement aux riches philanthropes qui se sont d'abord emparés des biens des faibles, et qui finissent par prêcher en leur faveur.

La plus humaine supplia du regard pour les pauvres captifs celui qui la promenait ; Robert vit ce regard à travers le voile, et pensa que celle qui priait pour la liberté des oiseaux traînait alors les chaînes d'une esclave. Pour la consoler, il s'approcha de l'oiseleur et lui offrit de payer la liberté de tous les oiseaux. La marchande de bouquets, qui l'écoutait, voulut avoir sa part dans la gloire de cette délivrance; elle ouvrit la cage, elle glissa sa main rouge vers l'un des coins, et saisit un moineau ébouriffé, qui gémissait là depuis deux jours et qui semblait résigné à la mort. Tout le monde la regardait avec intérêt; le marchand lui-même, qui tendait la main à ses deux sous, était touché de cette bonne œuvre. Elle baisa les plumes grisâtres du captif et le jeta au-dessus de la foule en lui criant : Bon voyage. Robert fut jaloux du regard qui tomba sur elle des yeux de la femme voilée. Il s'empressa de rouvrir la prison, et ce fut un charmant tableau que la vue des prisonniers s'échappant en foule et se dispersant dans le ciel. Robert en était si charmé, qu'il ne vit pas disparaître le voile noir. Il prit toutes les roses de mai de la marchande de bouquets, et lui demanda d'un air indifférent où était passée celle qui les avait refusées. — Le magot qui était avec elle l'a emmenée rapidement par là, répondit la marchande de bouquets en se tournant en face du Louvre. — Il semblait jaloux de vos beaux yeux, poursuivit-elle avec complaisance.

Robert suivit la trace de la femme voilée jusque sous l'arcade, où il s'arrêta soudain en pensant que sa poursuite était folle.

Il releva ses regards, et vit encore quelques oiseaux dans le chemin du ciel.

— Chantez pour elle, leur dit-il; ce n'est pas moi qui vous ai délivrés, c'est son regard. — Au fond des bonnes œuvres il y a toujours quelque chose de mauvais. — O mes chers oiseaux, je ne vous ai pas délivrés pour vous, mais pour elle.

Au déclin de l'automne, Robert traversait rapidement les Champs-Élysées, dans l'espérance d'échapper à une sombre tristesse qui le dévorait depuis quelques jours. Le soir répandait ses teintes brunes dans le lointain; le vent secouait les grands arbres dont les feuilles rougies fuyaient bruyamment; le ciel était gris partout : à peine y devinait-on le passage du soleil sur la rive occidentale. Robert devint plus triste encore; il lui semblait que son âme se couvrait de nuages, comme le ciel, et que son soleil s'était caché pour long-temps. Il contempla avec amertume sa vie passée, et n'y trouva pas à cet instant le moindre souvenir de joie qui lui servît de refuge contre sa tristesse; il plongea vainement dans les abîmes de son âme: au lieu d'un rayon qu'il cherchait, il vit des images lugubres flottant dans la nuit.

Il s'arrêta tout-à-coup devant une jeune femme vêtue d'une longue robe noire.

Elle était pâle et désolée. Elle suivait des yeux les feuilles que le vent balayait, mais elle ne voyait sans doute qu'avec les yeux de l'âme. Perdu dans sa vaporeuse rêverie, Robert s'imagina d'abord voir une image de sa vie. Mais un bruit de pas le réveilla soudain; la jeune femme frémit et marcha plus vite pour échapper à un homme qui la suivait : elle fuyait cet homme, comme Robert sa tristesse.

Elle dépassa Robert, qui fit involontairement quelques pas vers elle, violemment ému par ce spectacle bizarre. L'homme qui suivait lui jeta un regard terrible et se drapa dans son manteau, sans doute pour avoir l'air plus superbe. Robert, qui ne s'effrayait pas de si peu, ne s'arrêta point et parut oublier la présence de cet homme, en se rapprochant de la jeune femme, qui releva la tête pour mieux distinguer le bruissement des pieds dans les feuilles sèches. Tous les trois marchèrent ainsi pendant quelques minutes; mais à son tour l'homme au manteau dépassa Robert en l'effleurant. Robert froissé, fit siffler sa badine à diverses reprises en l'agitant aux oreilles de l'homme au manteau. La nuit tombait, et avec la nuit quelques gouttes glaciales. La jeune femme leva son parapluie et le laissa bientôt retomber sans l'ouvrir, dans la crainte que le bruit de l'eau sur la soie ne l'empêchât d'entendre le bruit des pas de Robert et de l'homme au manteau; mais malgré l'insouciance qu'elle essaya de déployer en laissant retomber son parapluie, cet homme devina son motif et lui cria d'une voix colère : — Il pleut, madame. Ces trois mots firent trembler la jeune femme, et passèrent dans le cœur de Robert comme une musique discordante. Égaré par la colère, il oublia que la jeune femme n'était point une fille d'opéra; il s'en fut droit à elle et l'arrêta tout-à-coup.

— Madame, lui dit-il d'une voix étouffée, permettez-moi de vous offrir mon parapluie.

Et comme il n'avait point de parapluie, il saisit vivement celui de la jeune femme qui n'eut point la force de résister.

L'homme au manteau repoussa dédaigneusement Robert.

— Vous insultez ma femme, lui dit-il.

Robert fut atterré par ces paroles ; mais il se ranima au même instant et répondit d'une voix amère :

— Je ne voulais insulter que vous, monsieur.

La jeune femme chancelait. Robert, qui vit la pâleur de ses lèvres et l'égarement de ses yeux, tendit un bras pour la soutenir ; mais l'homme au manteau le repoussa encore, et la jeune femme tomba appuyée contre le tronc d'un arbre. Un cavalier qui traversa rapidement l'allée, calma quelque peu l'agitation de Robert ; il comprit qu'il y avait de l'impudeur dans son rôle, et peut-être il allait s'éloigner, quand l'homme au manteau lui demanda en le raillant à quelle heure et dans quel lieu il avait coutume de réparer ses insolences.

— Partout, cria-t-il en déchirant son gant.

— Moi, reprit froidement l'homme au

manteau, j'ai coutume d'aller sous le bouquet d'ormes de Vincennes; ainsi, à demain monsieur.

Robert jeta les restes de son gant à la face de cet homme, et disparut pour maîtriser sa colère.

A quelques pas de là, il se retourna tout d'un coup : les noires vapeurs de la nuit arrêtèrent ses regards. Il entrevit pourtant le manteau noir de l'homme, et bientôt le chapeau blanc de la femme, qui s'était mise à marcher en avant. Il les suivit de loin, en proie à une fièvre violente, regrettant de s'en être séparé sitôt, et bénissant l'aventure qui l'avait délivré de sa tristesse.

Une lumière brilla dans l'ombre et un bruit de voix retentit. Robert marcha plus vite, en essayant de revoir ceux qu'il suivait. Ce fut en vain ; à la sortie des Champs-Élysées ils s'étaient perdus parmi les promeneurs.

—A demain donc! se dit Robert dont l'âme

s'envolait au ciel sur les blanches ailes de l'amour.

Bientôt il se souvint confusément que cette femme en deuil était celle qu'il avait vue en face du Louvre, implorant pour la liberté des oiseaux.

III

Le lendemain, l'aurore s'épanouissait à travers la brume qui lui formait un voile blanc, quand Robert et ses témoins arrivèrent sous le bouquet d'ormes de Vincennes. Robert renversait indolemment les grandes herbes jaunies que le givre argentait. L'un des témoins était Gérard; l'autre un oisif, qui se plaignait du froid et du givre. Gérard maudissait les églantiers qui déchiraient ses brodequins, et les branches retombant sur son feutre. Depuis quelques mois il était moins lamentable; il devenait élégant, et passait son temps à agacer les femmes de son regard élégiaque. L'oisif était un Parisien du Béarn, qui se faisait le reflet de Robert : sa figure, presque joviale naguère, devenait sombre tous les jours. A l'imitation de Robert, il avait alangui ses mouvements, il avait renversé ses cheveux en arrière, il avait donné à son regard et à sa voix quelque chose de farouche. En les rencontrant ensemble, plus d'un disciple de Lavater s'écriait avec joie : — Voilà deux corneilles.

Quand Robert et ses témoins se furent arrêtés sous le bouquet d'ormes, ils se regardèrent pour se demander où était l'adversaire. Pendant long-temps ils se firent cette demande. L'oisif surtout, qui s'ennuyait fort après un journal dont le feuilleton devait se moquer d'un dramaturge de ses amis qui avait échoué la veille, ne cessait de dire : — Où est donc ce ferrailleur-là ?

— Eh pardieu ! répondit tout-à-coup Gérard, il est moins sot que nous, il dort auprès de sa femme.

Robert bondit et se mordit les lèvres.

— Sa femme ! sa femme ! murmura-t-il; ce n'est point à lui cette femme.

— Quelle vanité ! s'écria Gérard ; tu t'imagines déjà qu'elle est à toi : attends après la bataille.

— Il ne viendra pas ! reprit Robert dont la colère éclatait.

— C'est un homme prudent qui veut garder sa vie et sa femme.

— C'est un lâche !

— Il est sage à lui de ne point se faire couper la gorge par toi, qui menaces d'altérer le veuvage de sa femme.

— Et je ne sais pas sa demeure ! s'écria Robert en brandissant une épée.

— Et tu ne sais pas la demeure de sa femme ! s'écria l'oisif en imitant Robert.

— L'amour qui est aveugle t'y conduira par la main, reprit Gérard qui redevenait élégiaque.

Il se dirent encore quelques paroles assez vagues et s'en revinrent à Paris.

Comme il allait rentrer, Robert vit sur son balcon sa dernière maîtresse qui l'attendait. Il passa outre et se mit à errer à l'aventure : puisqu'il allait vivre du cœur, il ne voulait plus d'une femme qui était dans sa tête et qui vivait de la tête.

Pendant sa promenade à travers Paris, il attachait son regard sur toutes les élégantes vêtues de robes noires et coiffées de chapeaux blancs : cette mise devenait de mode, par l'automne pluvieux qui régnait alors. Robert effleurait au passage ces élégantes, mais son regard avide le désenchantait bientôt : parmi toutes ces reines de la mode, c'est en vain qu'il chercha la reine de son cœur.

Pendant l'automne, pendant l'hiver, il courut partout et ne la revit pas ; et quand revint le printemps, le désespoir le saisit avec autant de violence que l'amour ; et quand il se fut beaucoup désespéré, la reine de son cœur disparut de l'autel d'or qu'il lui avait élevé, la tête reprit son empire et le cœur, qui ne palpitait plus, s'endormit bientôt, mais d'un sommeil inquiet, d'un sommeil qui l'agitait souvent par des songes où il voyait des oiseaux, des roses de mai, des voiles noirs et des regards bleus.

Aux premiers élans de son amour couleur du ciel, Robert avait repoussé la courtisane, son amour couleur de rose ; mais quand son cœur s'endormit sans espérance de réveil, il se souvint que celle qu'il avait dédaignée était une belle femme ; il se prit à rire et à douter des saintes mélodies de son âme, et il retourna à la courtisane dont l'amour ressemblait à ces sources qui versent des flots intarissables à tous ceux qui savent les deviner sous les grandes herbes où elles sont cachées.

Mais le cœur ne tarda guère à être vengé de la tête.

Robert se promenait solitairement un matin sous les grands marronniers des Tuileries; tout-à-coup il se sentit violemment ému à la vue d'une femme qui s'asseyait à quelques pas de lui. Devant cette femme un homme lisait la *Gazette de France* avec une gravité bouffonne.

— Voilà l'homme et voilà la femme! dit Robert en broyant le gravier.

Un rayon de soleil, glissant par un œil du feuillage, tremblait sur l'épaule de la jeune femme, qui penchait tristement la tête pour échapper à ce rayon. Ce fut en vain que Robert l'étreignit d'un regard ardent, il passa sans qu'elle relevât la tête. Il revint bientôt sur ses pas, et cette fois, en repassant devant la jeune femme, il devina qu'elle l'avait vu, car elle se pencha davantage, et sa main fit trembler la vieille chaise qui lui servait d'appui. L'homme secoua dédaigneusement la tête et jeta son journal sur cette vieille chaise.

— Quand on a lu ces sottises il faut respirer, dit-il en regardant le ciel.

Seulement alors Robert pensa aux sottes bravades de cet homme, qu'il avait vainement attendu sous le bouquet d'ormes de Vincennes. Il s'arrêta et voulut aller à lui pour lui rappeler qu'il avait lâchement agi ; mais un regard de la jeune femme cloua ses pieds sur le sol, et le plongea dans un ineffable ravissement. L'homme, poursuivi d'une ambitieuse pensée, ne prit point garde à Robert, qui demeurait en contemplation devant la jeune femme, dont le regard suivait les feuilles rougies. Elle releva ses paupières, et Robert vit briller deux larmes. Ce fut une pure et sainte rosée qui ranima son âme tarie. Si jamais une joie du ciel l'a ravi, ça été à cet instant suprême; mais au travers de nos plus grandes joies, nous voyons toujours passer quelque chose de lugubre, comme un fantôme durant nos songes d'or. Dans son extase, Robert n'oublia point qu'il était sur la terre, et une sombre tristesse tomba en voile transparent autour de sa joie. Cette femme qui le ravissait en avait peut-être ravi un autre; et puis n'était-ce point quelque peine secrète qui arrosait ses yeux? ses pleurs n'étaient-ils point des confidents d'une profonde douleur?

La tristesse qui voilait la joie de Robert l'obscurcit de plus en plus, et finit par l'envelopper de son linceul; un vent funèbre agita les cyprès de son âme, et l'amertume d'une larme baigna son œil aride. Il se sentit trop agité pour demeurer là

plus long-temps; il pensa qu'au bout de
l'allée il saisirait mieux les nuances de sa
joie et de sa tristesse; d'ailleurs, un regard
tremblant de la jeune femme, un regard
qui semblait le supplier de partir vint soudainement détacher ses pieds du gravier.
Il marcha jusqu'à la sortie du jardin sans
pouvoir vaincre la crainte d'enfant qui
l'empêchait de retourner la tête. Il revint
encore sur ses pas; mais à son retour
l'homme et la femme avaient déjà disparu.
Il plongea son regard autour de lui, il courut
au hasard sous les grands arbres, ce fut en
vain : — il avait reperdu son amour.

IV

Robert, qui était encore l'astre le plus rayonnant de la médecine homœopathique, fut prié d'aller secourir une choriste de l'Opéra.

Il la trouva endormie dans l'appareil le plus coquet; un de ses amants veillait auprès du lit : c'était un blond adolescent, paré de toutes les fleurs de la niaiserie; c'était un roi de la mode, secouant des parfums et déployant d'éclatantes misères; il était timide et rougissant devant le lit de la choriste, comme une jeune fille devant un carabinier. A la vue de Robert il prit son chapeau et sortit en s'inclinant. A peine fut-il dehors que la choriste s'éveilla. — Robert! s'écria-t-elle. — Presciosa! s'écria Robert.

C'était Presciosa. — Hélas! ce n'était plus Presciosa, l'adorable enfant d'autrefois, la mignarde, la folâtre, la capricieuse Presciosa, la charmante comédienne d'une troupe vagabonde; le temps avait cueilli les roses de ses joues, l'ennui avait décharmé ses yeux. Pourtant elle était belle encore, et, dans la première ivresse, Robert crut revoir la douce et pure Presciosa, qu'il avait tant regrettée; mais il rouvrit bientôt les yeux à la lumière.

— Qu'avez-vous fait de Presciosa? dit-il tristement à la choriste.

— Hélas! répondit-elle, je n'en suis plus que l'ombre; l'ennui m'a perdue; déjà ma jeunesse se fane et tous les jours j'en vois tomber une fleur. O Robert, dites-moi, dites-moi comment je puis arrêter de pareils ravages? Je donnerais tous mes amants, mes amants de la veille, du jour et du lendemain, pour une heure du temps où j'étais Presciosa.

— D'abord, dit Robert, il faut jeter à la porte tous vos amants.

— Et que voulez-vous que je fasse de la vie, s'il n'y a plus d'amants?

— Presciosa, je vous aime!

— J'en suis ravie; mais pour moi l'amour est un amusement; l'amour est un jeu dont tous les hochets sont des amants; voilà pourquoi j'ai des amants de tous les genres; du reste, si j'ai perdu la candeur, j'ai précieusement gardé la vertu; mes amants soupirent en vain, comme vous autrefois.

Robert secoua la tête en signe de doute.

— Moi, dit-il, j'ai perdu la croyance.

Un bruit de pas retentit à ses oreilles; la porte s'ouvrit avec fracas, et un second amant s'avança le chapeau de travers en secouant la cendre d'un cigare. Il ne ressemblait guère au premier; c'était un athlète, un pacha, un hercule, dont le regard d'aigle fit sourire Robert et bondir Presciosa. C'était un mauvais comédien de la Gaîté; la choriste en était aussi lasse que les spectateurs, mais elle essayait vainement de s'en délivrer.

— Oh! oh! pensa Robert, les femmes qui gardent leur vertu ne s'entourent pas de pareils colifichets.

— Monsieur Adolphe, murmura Presciosa, je vous prie de ne pas fumer ici, car je suis malade.

— Je n'ignore pas les lois de la galanterie,

dit le comédien en sortant une vieille pipe de sa poche.

A cet instant un autre bruit de pas se fit entendre ; Presciosa pâlit et regarda M. Adolphe d'un air effaré.

— Adolphe, Adolphe! dit-elle vivement.

Et elle tourna son regard vers la porte d'un cabinet dérobé ; ce regard était si suppliant, que M. Adolphe s'en alla en silence au cabinet. A peine eut-il refermé la porte, qu'un autre amant apparut. Robert se croyait presque à la comédie. Le nouveau venu était un riche Anglais qui dépensait son patrimoine avec Presciosa. En voyant sa maîtresse couchée, il s'arrêta avec respect au milieu de la chambre, et regarda voleter une mouche.

— Approchez-vous, lui dit-elle en lui tendant la main; je suis malade, et mon médecin, qui est là, veut que je reste couchée.

L'Anglais vint s'asseoir devant le lit et

demeura une demi-heure à contempler silencieusement la malade.

— Il faut être femme pour s'amuser de ces amants-là, pensait Robert.

Cependant M. Adolphe, qui s'ennuyait dans le cabinet noir, se mit à crier d'une voix sonore : — Presciosa, donne-moi du feu pour allumer ma pipe.

L'Anglais trembla comme une feuille et sortit aussitôt. Presciosa, désolée d'avoir perdu le plus riche de ses amants, essaya de cacher sa peine par une mine souriante. Le comédien reparut en triomphe; il fit quelques drôleries assez lugubres; il parodia le jeu de madame Dorval et de M. Bocage; il fit la chronique scandaleuse des écrivains célèbres; il raconta les amours profanes d'un trappiste et d'une comédienne. Comme toutes ces choses n'amusaient ni Presciosa, ni Robert, M. Adolphe, dépité d'avoir vainement dépensé des trésors d'esprit, fit une miraculeuse pirouette et disparut en chantant les beaux vers de M. Scribe.

— Enfin! dit Robert en soupirant.

— Vous le croyez parti, dit Presciosa; nenni! nenni! il s'en est allé batifoler dans la salle, et faire des courbettes à ma servante, espérant trouver par là des débris du dernier souper; mon griffon est moins gourmand que ce maudit ostrogoth. La semaine passée il est survenu comme j'abordais un plat d'écrevisses. — Des petits homards! s'est-il écrié en me regardant avec convoitise. Je me suis peu souciée de son regard et je l'ai prié de venir déjeuner le lendemain; il m'a reparlé des petits homards, je lui ai reparlé de ses succès. J'espérais que le combat me donnerait le loisir de manger toutes les écrevisses; mais pendant que je repoussais mon griffon, le traître a saisi le plat, et s'est enfui dans la chambre voisine. Ne serai-je donc jamais délivrée de ce drôle-là? Il n'y a que la mort capable de l'empêcher de revenir.

— Voulez-vous, dit Robert, que j'aille lui défendre de reparaître ici?

— Oh! non, non, reprit Presciosa avec inquiétude; il m'ennuie tant qu'il finit par m'amuser.

Le soir, le médecin accompagna la choriste à l'Opéra, et revint souper chez elle avec quelques beaux esprits de ce temps.

En s'asseyant à table il se vit comme par miracle auprès de mademoiselle Léocadie, qui avait pris pour ce soir-là sa mine sentimentale et sa voix roucoulante. Elle était encore vieillie; le travail avait sillonné son front; le temps avait dessiné mille choses fantasques autour de ses yeux; ses joues, depuis long-temps fanées sous la lèvre des amours, ressemblaient à deux roses flétries. Elle était funèbrement vêtue d'une robe noire dont le corsage était à demi voilé par deux barbes de blonde s'échappant de ses cheveux. Elle avait l'air de pleurer sur son veuvage. La pauvre muse était du nombre de ces veuves qui n'ont point été mariées et qui se couvrent de deuil pour prouver que l'amour a passé chez elles. D'ailleurs n'était-elle pas veuve de ses beaux jours ?

Robert, assez maussade de se trouver en pareil voisinage, demeura long-temps silencieux, contemplant d'un regard morne la nappe damassée du festin où tombaient les clartés neigeuses des candélabres. Ce festin offrait le mélange le plus confus et le plus grotesque de la fortune et de la misère ; il y avait partout un luxe indigent, dans la salle, sur la table, et même autour de la table.

C'était la misère dorée d'une choriste qui pressent une prochaine fortune. Parmi les ornements de la salle quelques tableaux pendaient à la boiserie : un amour de Watteau s'épanouissant entre deux mauvaises copies de Téniers ; en face trois portraits de famille, un dessin et deux pastels que Presciosa avait ramassés à la porte d'une marchande de vieux meubles, pour se donner les grands airs d'un enfant de famille. Sur la cheminée, dont le marbre blanc éclatait au reflet des flammes, une mauvaise pendule d'albâtre se mirait dans une magnifique glace de Venise. Sur la table, la porcelaine de Chantilly se heurtait à la porcelaine du Japon, l'argent d'Alger au vermeil, et la verroterie au cristal. Autour de la table les convives offraient aux regards pareille variété; l'un cachait trop artistement sa chemise par un jabot d'éclatante blancheur; l'autre avait un habit de velours et des souliers s'ouvrant au bout comme la gueule d'un poisson : c'était M. Adolphe; l'une avait une robe de satin violâtre dont le bas s'était effrangé à la suite de quelque reine de théâtre; l'autre avait dans ses cheveux deux grappes de perles qu'une courtisane romaine aurait enviées, et sur ses épaules un mantille de dentelle blanche dont une grisette parisienne n'aurait pas voulu pour traverser la rue Saint-Jacques. Et je ne parle pas de l'esprit de ces dames et de ces messieurs, qui ne se montrait guère plus que la chemise sous le jabot.

Robert, en voyant ces richesses misérables, cette cour bouffonne de la reine Presciosa, songeait que l'âge d'or de la galanterie était à jamais passé ; il comparait l'amour du dernier siècle à l'amour de ce temps, le soleil à l'étoile. Presciosa avait vingt adorateurs, comme les comédiennes d'autrefois ; mais dans tous ces amants, où était le grand seigneur allant partout avec la beauté, parce qu'il avait un carrosse ; l'abbé qui roucoulait adorablement un madrigal ou une élégie pendant la toilette ou pendant le souper ; le timide chérubin dont la candeur sentimentale amusait tant, et le superbe athlète dont l'amour herculéen n'amusait pas moins ? Les amants de Presciosa étaient des génies méconnus et des clercs de notaire, des poëtes catholiques et des clercs d'avoué, de bons Anglais et de mauvais comédiens. Mais il faut dire à sa louange que nul de ces messieurs n'avait été plus loin que Robert; c'étaient tout simplement des magots de la Chine dont les grimaces dissipaient quelquefois ses ennuis; elle gardait sa vertu pour garder sa beauté.

En songeant à toutes ces choses, Robert en vint à cette pensée, que dans ce siècle la forme était digne du fond.

Heureusement pour Robert, Gérard vint s'asseoir de l'autre côté de mademoiselle Léocadie, qui se vengea du silence outrageant du perfide. Robert s'amusa du bavardage amoureux de la muse et du poëte élégiaque.

— J'ai rêvé de vous la nuit passée, disait langoureusement Gérard à mademoiselle Léocadie.

— Et vous n'avez point abusé du songe?

— Je me suis permis une seule licence, une seule profanation : — j'ai baisé vos épaules.

— Voyez-vous, le petit monstre ! Mais, songes ne sont que mensonges, dit le proverbe.

— Vous me repoussiez avec une sauvage vertu.

— Insolent ! Gérard, Gérard, vous n'êtes plus mon joli poëte attristé ; vous oubliez déjà cette brûlante élégie où l'amour était tapi sous les cils de mes paupières. Ah ! — Et cette autre qui commençait par ce vers : *Dans mon âme il est un bocage* — Ah !

Après ces deux soupirs, la muse désolée se mit à dévorer une carcasse de volaille que la méchante Presciosa venait de lui servir d'un air moqueur.

VII

A quelques jours de là Robert trouva Gérard joyeux; c'était la première fois qu'il le voyait ainsi.

— D'où vous vient aujourd'hui cette gaieté si folle? lui dit-il en l'abordant.

— C'est que je ne suis plus poëte, répondit Gérard d'un air insouciant; mademoiselle Léocadie m'a dégoûté de la poésie; plus que jamais me voilà plongé dans l'étude du droit;—en outre je suis amoureux de la plus belle marquise du monde, un ange qui a perdu ses ailes dans le ciel. Dans un an je serai notaire, j'épouserai ma princesse, je n'aurai plus d'amis intimes. — Vive la joie!

— Une marquise! murmurait Robert, émerveillé de la métamorphose de Gérard.

— Oui, une marquise qui vaut mieux que toutes les muses présentes et passées, ce qui est la même chose; une brune et folle fille que j'ai rencontrée par miracle chez un monsieur d'Epinay dont l'aïeul était cousin à je ne sais quel degré de ma grand'mère. J'ai dit hier un dernier adieu aux muses et aux poëtes; adieu, messieurs, adieu, mesdames; voilà bien assez d'élégies comme cela; les testaments et les contrats de mariage sont des choses plus amusan-

tes.—Pardevant maître Gérard... — Veux-tu
que je fasse ton testament?

— Notaire! Voilà donc où mène la poésie!

— Mais il ne s'agit pas de testaments aujourd'hui ; tu as dans les yeux une fascination qui fait pâlir toutes les femmes atteintes de ton regard, et j'ai dit que tu étais le plus puissant des magnétiseurs. La femme de mondit sieur d'Epinay, qui est veuve depuis quelques jours et qui en est malade de joie, demande avec instances un médecin qui puisse la magnétiser ; c'est une bonne fortune pour ta tristesse, car madame d'Epinay est la plus belle femme du monde après mademoiselle de Mercœur ; mais ne va point t'aviser d'en devenir amoureux, car son mari est un Othello qui se venge plus soudainement que vous, monsieur le médecin homœopathe ; ne t'avise point non plus de t'éprendre de mon adorable marquise, ni de la fasciner par ton regard.

— Quel est donc ce monsieur d'Epinay ?

— Un noble de la vieille roche ayant peu de fortune et vivant à Paris dans la plus austère solitude. Il adore sa femme, mais son amour jaloux est pour elle un martyre plutôt qu'une joie; il l'emprisonne dans sa jalousie; sa demeure est un couvent d'où la pauvre femme ne sort presque jamais. Je suis le seul profane admis en ce lieu, car l'Othello me fait l'injure d'avoir confiance en moi; son œil jaloux a lu dans mon âme la première fois que j'ai vu madame d'Epinay, et il a deviné qu'il serait superflu d'avoir des craintes à mon égard; un autre profane admis en cette retraite c'est la jeune marquise de Mercœur que madame d'Epinay a connue à Saint-Denis.

Robert suivit Gérard chez M. d'Epinay avec le plaisir d'une jeune fille qui va lire un roman; c'était dans sa rue, et en passant sous la grand'porte il se souvint d'avoir souvent admiré les fantaisies grotesques de l'architecture. A peine en eut-il franchi le seuil qu'il échappa tout d'un coup au voile flottant de ses songes, un sentiment ineffable remplit son âme et tout son corps frémit.

— Et cette femme est malade? dit-il à Gérard.

— Son veuvage l'effraie tant, qu'elle en mourra, répondit Gérard avec un sourire moqueur.

— Son veuvage?...

— Son mari est parti ce soir pour Toulouse, où l'appelle sa famille, et depuis ce matin elle est étrangement agitée par l'idée d'être seule. Est-ce une idée noire, est-ce une idée rose? Est-ce la peine ou la joie? Je ne sais. Si tu parviens à la magnétiser, essaie de découvrir les mystères de son cœur, qui doit être un abîme étrange, car cette femme n'a jamais rien confié. J'oubliais de te dire que tu viens ici le plus mystérieusement du monde; une seule parole indiscrète la perdrait à jamais. Ne t'avise pas d'être galant avec elle, car outre qu'elle semble morte à l'amour, elle est surveillée par la mère de son mari, une mégère impitoyable, une chaîne mortelle qu'elle est condamnée à traîner partout. Ainsi, souviens-toi toujours de ces choses-là : — Tu es médecin, — tu demeures à l'autre bout de Paris, — tu fus mon ami d'autrefois.

Robert et Gérard arrivaient devant la porte.

— Et tu magnétiseras avec une candeur évangélique, reprit Gérard après avoir sonné.

— Plus qu'évangélique, répondit Robert, qui retombait dans ses rêves.

Une femme de chambre ouvrit. — Ah! monsieur Gérard, dit-elle en souriant; passez au salon; madame a toujours des crises violentes, des éblouissements, des spasmes; j'y perds mon latin.

A l'entrée de Robert dans le salon, il y régnait un profond silence; un feu clair flambant dans l'âtre, jetait ses tremblants reflets sur trois femmes, la jeune marquise de Mercœur, la maîtresse du logis, la vieille qui la surveillait. La maîtresse du logis était plongée jusqu'aux épaules dans une bergère d'une forme passée. Quand s'ouvrit la porte du salon, elle tourna lentement la tête, et à l'apparition de Robert elle s'évanouit.

— Encore ces maudites vapeurs! s'écria la vieille.

La jeune marquise s'élança vers son amie et la souleva dans ses bras. A cet instant Robert pâlit et chancela : cette femme évanouie qu'il venait d'entrevoir était la femme qu'il aimait.

En rouvrant les yeux elle sembla lui dire dans un regard effaré : — Oh! mon Dieu, c'est vous! — Il lui répondit par un pareil regard et lui tendit aveuglément la main.

— J'ai une fièvre ardente, — voyez, monsieur, dit-elle en regardant la vieille.

Robert se souvint qu'il n'était là que comme un médecin ; il parvint à calmer l'émotion qui l'égarait et dit en s'inclinant :

— Oui, madame, une fièvre violente.

— Quel fatal contre-temps ! murmura la vieille ; mon fils qui est parti !

Robert se tourna vers la vieille et lui fit un profond salut; elle fut très flattée de cet hommage, et un sourire plus jeune que ses lèvres ranima sa bouche glacée.

— Oh ! monsieur, dit-elle à Robert, chassez bien vite ces vilaines vapeurs, ces horribles attaques qui tourmentent ma chère fille. Vous allez la magnétiser, monsieur ; c'est moi qui l'ai voulu ; la pauvre enfant est toujours souffrante et nous ne pouvons découvrir son mal.

La vieille se pencha à l'oreille de Robert.

— Dans son sommeil factice peut-être vous le dira-t-elle.

— Pour endormir madame, je voudrais

qu'elle fût plus calme, dit Robert en se retournant vers la jeune femme.

— Eh bien! reprit la vieille, en attendant il faut endormir mademoiselle de Mercœur.

La jeune marquise, qui devisait avec Gérard, repartit aussitôt : — C'est vous, madame, qu'il faut magnétiser.

— A mon âge, dit la vieille en se minaudant, on défie sans crainte toutes les puissances humaines ; à mon âge on ne croit plus qu'au magnétisme de la mort.

Robert, qui avait saisi avec joie l'idée bouffonne de mademoiselle de Mercœur, s'empressa de dire à la vieille que le magnétisme était de tous les âges, comme l'amour. La vieille rougit et marmotta qu'elle serait curieuse qu'on lui fît voir cela. Robert traîna un fauteuil à ses pieds, et se mit à l'œuvre en riant sous cape. La vieille essaya vainement de lutter : les deux yeux du magnétiseur rayonnaient sur les siens comme deux soleils ; elle pencha d'abord la tête et voulut se débattre; dans ses efforts elle se renversa sur le dossier de la dormeuse; bientôt ses lèvres devinrent blanches comme ses cheveux, une couleur verdâtre se répandit sur ses joues, ses paupières ridées s'abaissèrent sous les signes monotones de Robert, et en quelques secondes elle fut ensevelie dans le plus profond sommeil.

—Ah! mon Dieu, qu'elle est laide ainsi! dit la jeune marquise, émue par ce spectacle.

— Elle dort, dit Robert en se retournant vers madame d'Epinay, comme pour lui apprendre que l'argus était aveugle.

La jeune femme sembla sortir d'un rêve; elle tressaillit, et son regard, perdu dans les flammes de l'âtre, s'éleva tout effaré sur Robert.

— Elle dort, monsieur?

—Oui, madame, reprit Robert, qui tremblait comme un arbre; elle dort, et si mes signes ne vous effraient point, j'essaierai...

—Oh non! monsieur! je suis si faible que

je mourrais sous vos regards ; un autre jour — demain peut-être ; mais à cette heure — oh non ! D'ailleurs, puisque vous avez endormi ma mère...

— Oui ! oui ! s'écria mademoiselle de Mercœur ; à madame d'Epinay les honneurs de la soirée.

A cet instant la porte du salon s'ouvrit, et la femme de chambre vint avertir Gérard qu'un de ses amis de province l'attendait dans la cour. L'étudiant allait envoyer promener son importun ami, quand madame d'Epinay, qui n'était pas fâchée de le voir partir, lui dit avec empressement : — Au revoir, monsieur Gérard — à demain surtout.

Il fit une prodigieuse grimace, et se consola bientôt en pensant qu'il était impossible de mettre les gens à la porte avec plus de galanterie.

Il cherchait son chapeau où il n'était pas, dans l'espérance de trouver un moyen de rester, mais Robert fit mine d'avoir pitié de ses recherches, et lui dit en ami dévoué :

— Voilà ton chapeau, mon cher — adieu.

Gérard, froissé, jeta un regard lamentable à Robert, qui s'en moqua par un sourire. Dans la crainte d'être ridicule, il sourit aussi, et se penchant à l'oreille de Robert, il le félicita d'être aux prises avec une centenaire.

— Tu vas t'amuser beaucoup; lui dit-il en se dandinant; cette vieille va te confier sans doute ses amours trépassés; j'aimerais mieux fouiller une tombe remplie d'ossements : ce serait d'ailleurs à peu près la même chose. Si chaque ride de ses joues accuse une aventure galante, son histoire sera longue. — Bonsoir !

Gérard, qui se crut assez vengé, s'inclina très humblement devant les deux amies, et disparut aussitôt. La vieille s'agita alors; Robert l'apaisa par quelques signes et lui demanda si elle dormait; un son confus s'échappa de sa gorge et sa tête retomba en avant.

— Dormez-vous ? reprit Robert en élevant la voix.

Il se fit un silence de quelques secondes.

— Dormez-vous ? dit encore Robert, mais d'une voix presque impérieuse.

— Oui, répondit enfin la vieille.

— Que ressentez-vous ?

— Des choses étranges...

— Que voyez-vous ?

— Des voiles blancs, des nuages... Je redeviens jeune et légère comme au temps passé. La vieillesse est un terrible fardeau... Quand on est jeune on s'appuie sur l'amour, mais quand on est vieille il faut marcher toute seule.

La vieille secoua la tête — le mot amour n'avait passé qu'en tremblant sur ses lèvres flétries, et Robert sentit plus que jamais que ce mot-là était misérable sur les bouches laides ou vieilles.

Camille s'était penchée au-dessus de la somnambule et contemplait sa face livide.

— Que voyez-vous? dit Robert à la vieille.

— Je vois les grands yeux de mademoiselle de Mercœur.

— A quoi pense mademoiselle de Mercœur?

Robert regarda la jeune marquise d'un œil sournois; elle était plongée dans une nuageuse rêverie, qui ne craignait pas d'être dévoilée; aussi la demande de Robert ne l'effaroucha guère.

— Elle pense à tout et ne pense à rien, répondit la vieille.

— C'était indiscret, monsieur, murmura madame d'Epinay.

Robert se tourna vers elle, et n'oubliant pas l'esprit de son rôle, il lui dit en souriant :

— Nous autres, médecins du corps et même quelquefois de l'âme, nous sommes des tombes où s'ensevelissent mille secrets en un jour; nous en savons beaucoup plus que les confesseurs, sans doute parce que nous sommes beaucoup moins curieux.

— Il n'y paraît guère, dit mademoiselle de Mercœur.

— Parce que je me suis avisé de demander votre pensée d'un instant;— et si je m'avisais de demander à la somnambule votre dernière confession ?

La jeune marquise rougit.

— Rien ne serait plus charmant; — cela ne vous effraierait point, car un beau corps renferme toujours une belle âme, et je suis sûr que le plus grand de vos crimes est un petit mensonge.

Madame d'Epinay, qui aimait autant que Robert s'entretînt avec la vieille qu'avec mademoiselle de Mercœur, fit à dessein craqueter son fauteuil.

Robert la regarda avec inquiétude.

— Les médecins sont ainsi, dit-elle en baissant les yeux;—ils sont plutôt capables de damner leurs malades que de les sauver.

Robert se rapprocha avec sollicitude de madame d'Epinay.

— Ce n'est pas pour moi que je me plains, monsieur, c'est pour la pauvre somnambule que le sommeil fatigue sans doute, et que vous délaissez impitoyablement. Et en effet le tableau n'est guère attrayant; — ah! si Camille était la somnambule!

Robert vit la jalousie à travers ces quelques paroles extravagantes, et grande en fût sa joie; car quel est l'amant qui ne voit pas rayonner l'amour dans la jalousie?

Madame d'Epinay releva ses paupières; Robert la regardait avec tant d'ineffables délices, qu'elle crut voir son âme dans son regard.

— Oh! oh! dit tout-à-coup la vieille, qui semblait écouter des bouches invisibles : — monsieur de Valmy se souvient toujours de moi.

— Qu'est-ce que monsieur de Valmy? demanda Robert en chassant encore du magnétisme vers la vieille.

— C'est mon amant, dit-elle.

Mademoiselle de Mercœur éclata de rire.

— Oui, mon amant... il raconte... Où suis-je donc?

— D'abord où est votre amant?

— Dans mon pays, à Marseille, où il fut autrefois capitaine de gendarmes; il raconte ses aventures galantes à un vieux notaire de ses amis... Mon Dieu! il parle de ce jour horrible!...

La vieille se cacha la face dans ses bras. Le magnétiseur et les deux femmes pâlirent à la vue de cette pauvre vieille si violemment émue par un souvenir.

VI

— La jalousie est une chose terrible, reprit la vieille, qui tremblait de tous ses membres; — c'est un tyran qui torture les hommes et les femmes, qui déchire les cœurs avec ses ongles de fer.

— Vous étiez jalouse, madame? dit Robert qui magnétisait toujours la vieille.

— Non, c'était M. d'Epinay... sa jalousie me fait encore peur.

La voix de la vieille avait quelque chose de douloureux et de lugubre.

— Il était jaloux comme nul ne le fut jamais; jaloux de tous les yeux, jaloux de toutes les voix... je crois qu'il était jaloux du soleil.

— Mais quel fut donc ce jour horrible dont votre amant parlait au vieux notaire?

— Le surlendemain de mes noces. Nos convives nous donnaient une fête le soir; quand je me fus revêtue de ma robe de mariée, quand je me fus parée avec la magnificence d'une reine, M. d'Epinay vint à moi et me dit : Vous n'irez pas à cette fête, madame. J'entends encore sa voix sourde qui me fit trembler.— Pourquoi n'irai-je pas? lui demandai-je.— Parce que je suis jaloux! reprit-il.— Quel mal ferai-je dans cette fête? est-ce donc un crime de danser?—

C'est un crime à mes yeux, madame, et je vous le dis encore, vous n'irez point à cette fête. A cet instant il survint quelques convives surpris de notre retard; mon mari n'osa rien dire devant eux, et nous partîmes. Dans les joies bruyantes de la fête, j'oubliai bien vite la scène ridicule qui m'avait effrayée, et je m'abandonnais avec insouciance à l'ivresse de la valse, quand M. d'Epinay me saisit tout-à-coup par la robe, et me dit d'une voix sèche en m'arrêtant dans mon élan : — Je pars à l'instant, madame. Mon valseur était M. de Valmy ; il me retint d'un bras et essaya de l'autre de repousser M. d'Epinay.— A coup sûr, dit-il en souriant, il y a des maris plus galants que vous, mais il n'y en a pas qui le soient moins; en dépit des lois de l'hymen, madame est à moi jusqu'à la fin de la valse. M. d'Epinay pâlit de colère; je chancelai, un voile tomba sur mes yeux, et pendant quelques minutes je sentis à peine que j'étais appuyée sur le sein palpitant de M. de Valmy, qui s'était remis à valser.

Aux derniers sons de la musique, je me réveillai soudain; le jour du jugement, le dernier écho de la trompette céleste m'épouvantera moins, car Dieu est plein de miséricorde, et M. d'Épinay était inexorable. Je reparus à ses yeux pâle comme une victime. M. de Valmy releva sa moustache dès qu'il le revit, et le railla sur sa mine lugubre. Mon mari ne répondit guère, et m'entraîna vers la porte en me pressant la main avec une violence aveugle; il me jeta dans son carrosse, et je ne sus jamais ce qui advint jusqu'à notre retour. Quand je repris mes sens, j'étais dans ma chambre, M. d'Épinay se promenait devant moi et me regardait par intervalle avec des frémissements de rage. Aux tremblantes clartés d'une bougie, je vis tout-à-coup une brisure à mon bracelet, et comme je levais mon bras sous mes yeux, je vis du sang aux manchettes de ma robe. Dans mon effroi, je me mis à crier; mon mari s'arrêta et voulut m'imposer silence; mais la vue de mon sang m'avait exaltée; je courus à lui, j'agitai mon bras qui saignait encore, et je lui reprochai sa lâcheté. Sa colère, qui s'était calmée, se ranima tout d'un coup. — Monsieur de Valmy! monsieur de Valmy! s'écria-t-il; et s'élançant sur moi comme un tigre furieux, il arracha mes parures, il déchira ma robe et foula tout du pied avec une joie farouche.

Madame d'Épinay poussa un cri qui glaça Robert. — La jeune marquise se jeta aux pieds de son amie et lui prit les mains.

— C'est ton histoire aussi, dit-elle imprudemment.

Cette révélation frappa violemment Robert.

— Son histoire! murmura-t-il.

A cet instant on frappa à la porte de la cour ; involontairement il demanda à la vieille qui frappait ainsi.

— Mon fils ! mon fils ! répondit-elle.

VII

Madame d'Épinay se leva. — Son fils! s'écria-t-elle.

Robert, troublé, demanda encore à la vieille qui frappait à la porte.

— Mon fils! — je vous l'ai déjà dit.

Madame d'Épinay retomba évanouie.

— Oh! monsieur, partez à l'instant, dit avec terreur mademoiselle de Mercœur. — Si M. d'Épinay voit un homme ici, tout est perdu!

— Ne tremblez pas ainsi, madame, dit Robert, qui essayait de ranimer madame d'Épinay. Un médecin n'est pas un homme aux yeux d'un mari; d'ailleurs, M. d'Épinay serait une montagne que je ne le craindrais ni pour vous ni pour moi.

— Mais M. d'Épinay n'a jamais souffert un médecin ici; je vous en supplie pour sa femme, sortez, monsieur.

La jeune marquise, qui venait de tomber agenouillée, se tordait les mains avec angoisses. Robert ne put résister à cette charmante enfant, dont il voyait la douleur et l'effroi; il jeta un regard d'amour sur la figure inanimée de madame d'Épinay, et s'élança vers la porte du salon; mais il se souvint tout-à-coup de la vieille qu'il avait endormie, et craignant les ravages du magnétisme, il revint à elle.

— Éveillez-vous! lui dit-il d'une voix sonore.

La somnambule fit un effort pour secouer le sommeil magnétique, tandis que Robert lui passait ses mains sur les yeux.

— Éveillez-vous! répéta-t-il.

— Quel songe! murmura-t-elle en regardant le magnétiseur qui perdait la tête.

Mademoiselle de Mercœur, toujours agenouillée devant madame d'Épinay, voyait Robert d'un œil hagard, et son âme priait Dieu de secourir madame d'Épinay. Quand Robert vit le réveil de la vieille, il s'élança une seconde fois vers la porte, mais il s'arrêta tout d'un coup au bruit des pas rapides de M. d'Épinay.

— Le voilà! s'écria mademoiselle de Mercœur.

— Qui vient donc? demanda la vieille.

— M. d'Épinay! nous sommes perdues.

— Mon fils !

Une pensée terrible frappa la vieille, qui courut à Robert.

— Jetez-vous dans cette chambre, car mon fils...

On frappa à la porte du salon. Robert, immobile, leva superbement la tête en regardant la porte. La vieille ressaisit toutes ses forces passées, et s'attachant au corps du magnétiseur avec une singulière vigueur, elle l'entraîna vers une chambre voisine. Il se laissait aller comme un enfant au bras de sa mère; il semblait qu'il eût donné toutes ses forces à la vieille en la magnétisant : d'ailleurs, il était énervé par l'agitation qu'il ressentait depuis deux heures. M. d'Épinay refrappa. La vieille poussa Robert dans la chambre, et après avoir fermé la porte, dont elle prit la clef, elle s'en fut ouvrir à son fils. M. d'Épinay entra tout d'un coup, et son regard dévora le salon. Vainement sa mère tendit ses bras pour l'embrasser; il fut aveugle à son élan, il fut sourd à sa voix, il faillit même la renverser.

— Est-ce donc ici le sabbat? dit-il en regardant toujours de toutes parts ; on ne peut y aborder, les portes en sont verrouillées.

— Les femmes ont peur...

— Seules! seules! Vous n'êtes pas seules.

— Je ne sais qui t'aveugle...

— C'est vous qui êtes aveuglée. — Où est M. Gérard, votre protégé?

— Il est parti. Mais Clotilde se meurt.

— Et l'autre?

La pauvre vieille chancela.

— Quel autre?

— Celui qui était avec M. Gérard.

M. d'Épinay ouvrait ses mains avec fureur.

— Je sais que M. Gérard est ressorti seul, puisque c'est moi qui l'ai fait appeler.

— Tu es fou, mon pauvre enfant; aie donc pitié de ta femme.

Madame d'Épinay était revenue à elle, mais elle n'osait ouvrir les yeux devant la colère de son mari; elle demeurait dans l'attitude qu'elle avait prise en s'évanouissant, la tête renversée, les bras pendants, les pieds étendus devant l'âtre. Mademoiselle de Mercœur priait toujours Dieu ; la voix de M. d'Épinay roulait dans sa tête comme un écho du tonnerre ; la maison eût renversé sans l'effrayer davantage. Robert trépignait dans sa prison ; il avait en vain essayé d'en sortir et d'apparaître aux yeux du jaloux ; il voulait crier ou frapper du pied pour que M. d'Épinay vînt à lui, mais quelque chose d'invincible, un souvenir, une espérance arrêtait sa voix et son pied.

M. d'Épinay avait fait quelques pas vers sa femme; tout-à-coup à la vue d'un grand rideau qu'un souffle agitait légèrement, il courut à la fenêtre, les yeux animés d'un rire farouche; — et saisissant le lampas avec violence, il l'arrache du coup.

La vieille essaya de rire.

— Ce rideau t'offusquait, n'est-ce pas? Tu en étais jaloux?

— Je l'avais vu trembler, murmura M. d'Épinay tout confus.

— Ce n'est pas étonnant, tu fais tout trembler; regarde-moi plutôt. — Mais, mon cher enfant, tu ne vois donc pas Clotilde évanouie, et sans autre secours que les prières de cette pauvre Camille, qui est épouvantée par tes cris insensés?

M. d'Épinay oubliait que sa femme fût là : il l'aimait pourtant; mais, dans son âme, l'amour était esclave de la jalousie qui y régnait en souveraine et qui l'étouffait souvent. Chez la plupart des hommes, la jalousie n'est qu'un accessoire; d'ailleurs, un grand et noble amour n'est pas jaloux, car la jalousie est presque toujours enfantée par la faiblesse, qui est craintive et vaniteuse. On rencontre çà et là quelques hommes qui sont jaloux plus qu'amoureux : ce sont des tyrans qu'il faudrait renfermer, car ils brisent impitoyablement les pauvres femmes qui ont eu le malheur de les affoler. L'un des plus grands poëtes du monde—Molière— a dit que l'amour des jaloux était fait comme la haine. C'est un axiome qu'il eût trouvé, à coup sûr, en voyant le cœur de M. d'Épinay. Comme tant d'autres, M. d'Épinay avait puisé sa jalousie dans sa vanité plutôt que dans son amour : c'était un orage violent qui grondait sans cesse en lui; un spectre horrible qui passait toujours dans sa pensée : sa femme n'était pas sa compagne, mais sa victime; il éprouvait de la joie à la torturer; il lui arrachait les pensées du cœur avec ses ongles. Jaloux du passé, il eût donné une fortune pour que sa femme perdît toute souvenance; jaloux de l'avenir, il eût immolé sa femme s'il n'eût été jaloux de la mort. Malgré le malheur de sa femme, il n'en était pas plus heureux : une crainte continue le tourmentait ; depuis deux ans, il n'avait pas été calme un seul instant. — Le calme est si doux, surtout après la fièvre! Son sommeil ne reposait que son corps; son âme semblait condamnée à veiller éternellement.

— Mais tu ne vois donc pas Clotilde évanouie? répéta la vieille en s'emparant de la main de M. d'Épinay.

Il s'avança en sourcillant vers sa femme, qui ne put arrêter un frémissement. Mademoiselle de Mercœur se leva à son approche, il s'inclina, et fit un pas vers la vieille.

— Il y a donc bien de la folie dans une tête humaine! dit-il avec dépit.

La jeune marquise, croyant qu'il allait vers sa femme, recula contre la cheminée; mais il se jeta dans la dormeuse.

— Enfin, reprit-il, la jalousie est un sentiment naturel; et pourtant je ne devrais pas être jaloux.

Et se relevant tout-à-coup.

— Mais Gérard n'était pas venu seul ici.

— Tu es fou, mon pauvre enfant! t'ai-je jamais fait un mensonge?

— Non; mais vous ne voyez pas clair.

M. d'Épinay prit les mains de mademoiselle de Mercœur, et la regardant d'un œil enflammé :

— J'aurai confiance en vos paroles, mademoiselle. Gérard est-il venu seul ici?

La jeune marquise rougit.

— Je ne vous dirai rien, monsieur, répondit-elle, car je craindrais d'offenser votre mère, qui est trop digne de votre confiance.

M. d'Épinay laissa tomber les mains de mademoiselle de Mercœur, et lui tourna le dos.

VII

La vieille applaudit à la réponse de la jeune fille, et la pria à dessein d'aller se coucher. — C'était dans sa chambre qu'elle avait poussé Robert; la pudeur qui s'effarouchait arrêta d'abord la jeune marquise, qui se défendit du sommeil et ne voulut point abandonner son amie ; mais madame d'Épinay entr'ouvrit sa paupière brunie par sa frayeur, pour lui confier qu'elle était sortie de son évanouissement. Mademoiselle de Mercœur revint sur ses paroles en songeant à la femme de M. d'Épinay et au danger de la découverte de Robert ; elle refoula la pudeur tout au fond de son âme, et s'en fut vers sa chambre. Elle ouvrait la porte quand le jaloux marcha vers elle. La vieille leva les yeux comme pour suivre au ciel sa dernière espérance qui s'envolait.

— Bonsoir, mademoiselle, dit M. d'Épinay en baisant la main de la jeune fille. — Ne m'en veuillez pas, j'ai la tête perdue.

Et après avoir suivi dans la chambre le reflet de la bougie que mademoiselle de Mercœur portait de l'autre main :

— Il m'a semblé, se dit-il en s'éloignant un peu, que la clef de cette porte en avait été détachée ; les autres jours Camille n'est pas si défiante.

M. d'Épinay se frappa le front.

— Encore un fantôme de mon imagination ; ma femme n'aurait pas la sottise de cacher son amant dans la chambre d'une aussi charmante enfant, et d'ailleurs ma femme n'a pas d'amant.

Et, bien sûr que sa femme n'avait pas d'amant, il s'avança vers elle plus colère et plus furieux qu'il n'aurait dû l'être si elle en avait eu quatre. Mademoiselle de Mercœur entra toute confuse dans sa chambre, dont elle referma la porte d'une main tremblante. En déposant sa bougie sur la console, elle leva un regard timide sur Robert, qui s'était jeté dans un fauteuil, et qui s'y attachait des deux mains pour ne pas en sortir ; elle alla s'asseoir dans un coin de la chambre, et se mit à pleurer en contemplant la flamme vacillante de la bougie. Robert, toujours dévoré par l'agitation la plus violente, demeurait plongé dans le fauteuil sans prendre garde à elle ; mais au bruit d'un de ses sanglots il parut sortir d'un rêve pénible, et s'en fut tristement s'asseoir devant elle en la remerciant du regard de compatir ainsi aux peines de son amie. Il y avait tant de tristesse dans ses yeux, qu'elle perdit toute crainte d'être vue avec un homme; sa pudeur révoltée se rendormit dans le calme, et son regard effarouché reprit sa candeur charmante.

Le silence du salon ne semblait troublé que par les pas rapides de M. d'Épinay, toujours agité par la jalousie, le noir démon qui se débattait dans son âme comme dans un enfer.

La rêverie de Robert s'était parée de couleurs moins sombres depuis qu'il voyait la jeune marquise; il souriait même à quelques fantaisies de son imagination; il songeait à la bizarrerie de l'aventure qui l'avait conduit dans la chambre d'une jeune fille inconnue, et qui avait amené cette jeune fille devant lui; il songeait que la jeune fille était belle, et que nul encore sans doute n'avait dérobé la virginité de son âme; il songeait qu'il était seul avec elle, et que sa gorge, qui venait de naître, palpitait bien doucement. — Il songeait à toutes ces choses; mais soudain la voix de son amour traversait le frêle édifice de ses rêves, et tout en regardant mademoiselle de Mercœur, il ne voyait que madame d'Épinay.

La jeune marquise tendit la main vers un livre, et l'ouvrit d'un air distrait; c'était un roman de miss Anne Radcliff, la reine des fantômes. Mademoiselle de Mercœur, bientôt perdue dans quelque vieux manoir, au milieu d'une armée de spectres, oubliait la vérité pour le mensonge, le drame qui se passait près d'elle pour le drame qui se passait dans le roman, quand un cri aigu de madame d'Épinay l'en fit ressouvenir.

Le roman lui tomba des mains, et elle redevint pâle comme une morte.

IX

Au cri de madame d'Épinay, Robert ressentit une violente secousse; il se leva avec angoisses, et voulut s'élancer vers la porte; il pouvait l'ouvrir puisqu'elle n'était plus fermée au dehors; Camille tressaillit, et se jeta au-devant de lui pour le retenir.

— Si vous avez pitié d'elle, restez ici, monsieur!

— Mais il a frappé sa femme.

— Mais s'il vous voit, il lui brisera la tête.

— O mon Dieu! s'écria Robert en agitant ses bras.

Dans son égarement il repoussa la jeune marquise.

— Vous passerez sur moi, lui dit-elle en tombant une seconde fois agenouillée devant lui.

Cet héroïsme arrêta Robert, qui s'arracha les cheveux pour s'étourdir. Un autre cri vint lui déchirer le cœur, et presque au même instant on frappa à la porte de la chambre. Camille regarda Robert avec terreur.

— N'ouvrez pas! n'ouvrez pas! murmura-t-elle en penchant son oreille vers la porte.

— Camille! cria madame d'Épinay d'une voix altérée.

— C'est elle, dit Robert en s'élançant pardessus la jeune marquise.

Mais, plus alerte qu'une biche, Camille fut à la porte avant lui.

— Il va vous voir! lui dit-elle.

Robert recula comme s'il eût obéi à une voix suprême; la jeune fille ouvrit, et tout éperdue, madame d'Épinay se jeta dans la chambre.

— Au moins il me reste un refuge, dit-elle en tendant les bras à mademoiselle de Mercœur.

Robert fit un pas vers elle; la pauvre femme chancela, et faillit tomber à la renverse.

— O mon Dieu! pensa-t-elle, il était là! il a tout entendu!

La mort fût alors passée, que madame d'Épinay l'eût prise pour refuge, tant elle avait honte devant Robert de la lâcheté de son mari, et la mort eût fait alors une bonne œuvre en prenant madame d'Épinay.

Dès que la jeune marquise eut refermé la porte, elle embrassa son amie avec un vif épanchement de cœur ; Robert, qui souffrait autant de sa colère comprimée que de la peine qui noyait son âme, saisit la main de madame d'Epinay, et la pressa à diverses reprises. C'était une main brisée par l'effroi, une main endormie qui n'opposait nulle résistance ; cependant la voix de M. d'Épinay se fit alors entendre, et cette main se réveilla en s'échappant de celle de Robert comme un oiseau de son nid au cri d'un épervier. Madame d'Épinay en fut confuse, car c'était presque donner une preuve d'amour. Pour cacher sa rougeur, elle appuya son front sur l'épaule de Camille, et demeura ainsi pendant une minute. Mademoiselle de Mercœur l'entraîna sur un divan, en face d'une belle glace de Venise, qui jetait un désaccord dans la simple harmonie de l'ameublement. Selon sa coutume de femme, madame d'Épinay releva la tête pour se voir dans cette glace ; mais avant de se voir, elle vit Robert. Le diable, ou l'amour, n'est-ce pas la même chose? avait conduit son regard de travers, et malgré toutes ses peines, malgré la voix terrible du jaloux, malgré sa pudeur, elle regarda Robert pendant une seconde au moins ; — une seconde! ce fut une heure pour elle. Pendant cette seconde elle pensa à trois choses : à l'amour de Robert, au trouble de son âme, et à cette sombre jalousie qu'elle voyait passer comme un orage sur Robert et sur elle. Ce fut en frissonnant qu'elle détourna les yeux, mais elle n'en vit pas moins Robert, car il y avait aussi dans son âme un miroir magique, une onde pure qui le réfléchissait depuis long-temps déjà.—Madame d'Épinay aimait Robert.— Son amour avait le calme et la mélancolie d'une soirée d'automne; rien d'orageux, rien d'enivrant; un horizon pur, de chastes parfums, un chant plus triste que joyeux.—Son amour était une voix consolante dans son malheur, un rêve dans son insomnie, une espérance qui l'aveuglait sur l'avenir. Avant de voir Robert, la pauvre femme n'avait jamais aimé; isolée jusqu'à vingt ans dans un petit village de Normandie, où l'homme le plus attrayant était le maître d'école ou le garde champêtre, elle n'en était sortie que pour devenir l'épouse de M. d'Épinay. Elle l'eût aimé sans la jalousie tyrannique dont il l'avait accablée. Son âme ardente s'était glacée pour un homme qui avait lâchement agi envers elle dès qu'elle s'était à jamais liée à lui. Hormis ses crises de jalousie, M. d'Épinay n'était pas un lâche; mais, une fois retombé dans sa maladie, la fièvre, le délire, la fureur, le jetaient dans un terrible égarement, et alors il lui fallait une victime. Qui sait s'il n'était pas à plaindre? qui sait si le tyran n'était pas aussi digne de pitié que la victime? Mais nulle âme compatissante ne condamnera la haine de la victime pour le tyran ; nulle âme charitable ne condamnera l'amour de Clotilde pour Robert.

Pendant que madame d'Épinay, à demi appuyée sur la jeune marquise, se souvenait vaguement de la rencontre de Robert dans les Champs-Élysées, Robert voyait encore dans ses souvenirs cette larme qu'il avait recueillie pour ranimer son amour.

— Hélas ! pensait-il, je l'avais deviné : cette larme était la confidente d'une profonde douleur. Il y a six mois, il y a plus longtemps peut-être, que cet ange adorable est la victime d'un fou.

Robert s'approcha vivement de madame d'Épinay, qui tressaillit et laissa retomber sa tête.

— Madame, lui dit-il, vous ne pouvez ainsi rester à la merci d'un pareil fou.

La jeune femme releva la tête avec dignité.

— C'est mon mari, monsieur, répondit-elle d'une voix calme.

— Je le sais trop, reprit Robert intimidé.

Ces mots furent couverts par la voix de M. d'Épinay. Trois coups frappés à la porte avec une singulière violence retentirent sourdement dans la chambre; un silence affreux suivit. Madame d'Épinay et mademoiselle de Mercœur se regardaient en frissonnant. Robert demeurait devant elles, pâle, immobile, l'œil enflammé. Un coup plus violent fit trembler la porte. Camille regarda autour d'elle en cherchant une issue pour Robert. — Il devina sa pensée, et lui dit en se penchant vers elle :

— Il y a deux sorties, la porte et la fenêtre.

Ces mots résonnaient encore dans l'oreille de mademoiselle de Mercœur que déjà Robert était à la porte. — Il ouvrit. — M. d'Épinay voulut s'élancer dans la chambre, mais il le retint et le repoussa dans le salon. La jeune marquise les suivit tout éperdue.

— Que faites-vous ici? dit d'une voix colère M. d'Épinay à Robert.

Camille se jeta devant le jaloux.

— C'est moi qui suis coupable, monsieur.

Il y avait dans cette confession un si grand caractère de vérité que M. d'Épinay regarda la jeune marquise d'un air surpris.

— C'est vous qui êtes coupable? c'est donc votre amant? dit-il avec mépris.

— Elle est sauvée! pensa mademoiselle de Mercœur.

— Votre amant! reprit dédaigneusement M. d'Épinay.

— Qu'importe? s'écria Robert en saisissant Camille. — Si cela vous déplaît, monsieur...

— Cela me plaît beaucoup au contraire, dit avec empressement M. d'Épinay, dont la jalousie s'endormait.

Cependant il lui restait quelques doutes,

et pour mieux s'assurer il poursuivit en regardant mademoiselle de Mercœur :

— Seulement je vous prie de sortir tous les deux et d'oublier que vous êtes venus ici.

— Oh! monsieur, s'écria Camille, ayez pitié de moi! M. de Vermand vient me chercher demain pour retourner à Soucy ; n'allez pas me perdre à ses yeux!

M. d'Épinay ranima sa colère, et détachant la jeune marquise des bras de Robert, il l'emporta jusque dans sa chambre. Il en ressortit à la hâte et dit à Robert en ouvrant la porte du salon : — Voici, monsieur.

— Et se tournant vers la croisée dont il avait arraché le rideau : — Il y a bien encore un autre chemin si le premier vous offense...

Robert interrompit M. d'Épinay.

— Il vous sied bien de fanfaronner, monsieur! je vais sortir parce qu'il est temps, mais nullement parce que je vous crains. —

Je vous connais trop pour vous craindre. — L'an dernier un de mes amis vous attendit vainement à Vincennes ; et ce serait vainement aussi que je vous prierais d'y aller demain.

Troublé par ces dernières paroles, M. d'Épinay vit sortir Robert sans rien trouver à lui répondre. Après avoir refermé la porte du salon il pensa qu'il y avait dans tout cela un mystère étrange ; ses doutes le frappèrent davantage ; sa jalousie se réveilla peu à peu, et bientôt, plus colère que jamais, il rentra dans la chambre de mademoiselle de Mercœur.

— Madame, dit-il d'une voix sombre à madame d'Épinay, jurez-moi sur le ciel que cet homme n'était pas ici pour vous.

Madame d'Épinay s'évanouit encore ; mais cette fois plus à propos que jamais.

Robert erra comme un fou dans Paris : il fallait de l'air à son front, du mouvement à son corps. C'était l'heure du repos pour les autres, et non pour lui qui croyait se réveiller d'un songe bizarre. Quelques jours se passèrent sans l'apaiser. Après diverses promenades aux alentours de Paris, à Versailles et à Chantilly, où le pauvre amoureux essayait d'échapper à l'horrible pensée qui l'agitait, il se remit à chercher madame d'Épinay, mais il dépensa vainement son temps. Il ignorait les suites de la jalousie de M. d'Épinay; Gérard s'était présenté chez le jaloux le lendemain du drame, mais on lui avait fermé la porte au nez. Voilà tout ce qu'il avait appris à Robert.

LIVRE VI.

Un soir Robert regardait en rêvant la flamme blanche de sa bougie, quand une musique ravissante lui vint à l'oreille. Jamais musique ne l'agita avec tant de violence. Il se souleva et tendit la tête vers la chambre voisine dont il n'était séparé que par une boiserie modestement tendue d'un papier gris à grands ramages. La musique n'était rien autre chose qu'une voix chantante de femme unie aux sons d'un piano. Ce concert d'abord ardent s'alanguit bientôt et devint d'une tristesse déchirante. Robert, pâle, l'œil enflammé, le cœur palpitant, écoutait avec une singulière avidité. La voix se tut, la main de celle qui chantait retomba sur les touches du piano, et pendant quelques secondes encore un son sourd remplit la chambre. Le silence succéda à ce dernier soupir de la musique. Robert, trompé par son imagination en délire, pensa que la voix chantait toujours, mais que les rumeurs de la rue altéraient son éclat; il croyait toujours l'entendre, plus faible, presque mourante, tant cette voix avait d'échos en lui.

Il ne s'aperçut que la voix avait cessé de chanter que quand elle reprit un autre chant. C'était une romance qui vous fera peut-être sourire, et qui, sans doute, arrachait des larmes à celle qui la chantait ; une romance en mauvais vers, mais une romance qui renferme une plus belle histoire que celle de Paul et Virginie :

Un beau navire à la riche carène...

Riez, madame, riez, vous n'empêcherez pas que cette romance ne soit la plus sentimentale et la plus triste des romances. Quand Robert l'entendit il éprouva un saisissement pénible et ne songea guère à rire ; seulement il fut surpris que la même voix chantât une vieille romance et des airs d'opéras nouveaux. — Après ce vers :

Nul n'arriva du beau pays de France ;

après ce vers qui est le drame de la romance, Robert entendit un sanglot et tomba plus avant dans sa douleur. Si le sentiment de cette romance était en harmonie avec le sentiment de celle qui la chantait, il l'était aussi avec le cœur de Robert; malgré l'égoïsme qui le poussait à se plaindre en sa douleur, il plaignit l'Indienne et la chanteuse qu'il croyait voir souffrir ensemble.

Or, la chanteuse, sans doute trop attristée, n'acheva point la romance, et vainement pendant plus d'une heure Robert écouta encore.

Il se coucha en proie à mille rêves confus, la nuit fut pour lui d'une morne lenteur; le sommeil lui vint par intervalles, mais à peine dormait-il qu'un songe ardent l'éveillait tout-à-coup. Au matin, plus calme et presque rafraîchi par un peu de repos, il courut chez Gérard. Depuis son amour il devenait plus expansif, il aimait à confier ses moindres aventures, et c'était toujours à Gérard; mais Gérard, plus expansif encore, le poursuivait toujours d'interminables confessions. Aussi ce jour-là il arriva ce qui souvent arrivait, Robert ne put rien confier parce que Gérard ne cessa de lui dérouler une page de son histoire.

— J'aime Camille, disait-il avec feu, et c'est de l'amour le plus chaste qui se soit allumé sur la terre; la femme de chambre de madame d'Epinay m'a écrit hier...

Robert essayait vainement d'interrompre Gérard.

— La femme de chambre de madame d'Epinay m'a écrit hier que la jeune marquise était repartie pour le château de Soucy; il y a là un vieux notaire du pays de ma mère, j'ai bien envie de devenir un de ses clercs.

— Deviens le diable si tu veux, dit Robert, mais dis-moi...

— J'aimais autrefois la Fanny, reprit Gérard sans s'inquiéter de Robert; j'aurais échangé tous les jours de ma vie contre une nuit passée avec elle.

Robert fut tenté de battre Gérard.

— A cette heure, poursuivit-il, je donnerais toute ma vie pour un regard de Camille.

Robert, froissé de ne pouvoir rien dire, sortit en maudissant l'éternel conteur; de retour à son hôtel, il regretta d'avoir quitté Gérard sans avoir vu la lettre de la femme de chambre; il pensa que dans cette lettre il était parlé de madame d'Epinay, et sans la crainte du ridicule qui est la plus ridicule des craintes, il fût retourné de suite chez son ami. Il attendit au lendemain, et le lendemain Gérard était parti, si plein de la pensée de mademoiselle de Mercœur qu'il n'avait pas songé à dire adieu à Robert. Peut-être aussi était-il froissé que son confident se fût enfui avant la fin de sa confidence.

Robert était à peine de retour quand la musique de la veille revint à son oreille comme un enchantement; mais les bruits du dehors altéraient cette musique, et quoiqu'il se tînt contre la boiserie, il ne put rien distinguer, il ne saisit que des sons confus.

Replongé dans ses rêves, dans les abîmes
de son âme, il demeura long-temps en contemplation devant les grandes figures ten-
dues sur la boiserie; ses yeux ne voyaient
que des formes immobiles, mais son imagination s'emplissait de formes agitées; c'était
madame d'Epinay qui passait tristement
dans les vapeurs du fond ; c'était la vieille
mère endormie; c'était la jeune marquise
se jetant à ses pieds; — puis c'était l'Indienne
trompée qui mourait de douleur et d'a-
mour, c'était la chanteuse dont un sanglot
brisait la voix. Poursuivi par toutes ces
apparitions, il se laissait aller sans résistance
au cours des flottantes rêveries. Après avoir
long-temps rêvé, il se remit à réfléchir et re-
marqua bientôt qu'avant ses courses aux
alentours de Paris il n'avait jamais entendu
de musique de la chambre voisine.

Son domestique lui apprit qu'en son ab-
sence un homme et trois femmes étaient
venus s'installer presque mystérieusement

dans l'appartement voisin qui avait des sorties dans les deux escaliers de la maison. Comme Robert impatient lui faisait mille demandes, il lui fit espérer qu'il en saurait davantage dans quelques jours.

Car, dit-il en terminant, la femme de chambre ne me déplaît point.

Hormis Robert, tout le monde se fût douté que sa voisine était madame d'Epinay, mais l'amour n'est pas aveugle pour rien.

Un soir en rentrant il fut très surpris de voir son domestique et la femme de chambre de madame d'Epinay roucouler tendrement en face l'un de l'autre. — Nous ne vous attendions pas sitôt, dit le domestique presque tremblant. Robert renvoya cet homme et demanda à la femme de chambre, en la magnétisant, non pas avec son regard, mais avec sa bourse, où était son maître. La femme de chambre lui apprit que M. d'Epinay était à Marseille, et que depuis son départ madame d'Epinay était emprisonnée dans la chambre voisine, ayant pour garde la vieille qui l'obsédait. M. d'Epinay espérait que sa femme serait cachée à tous regards étrangers dans cette nouvelle demeure que ses amis ignoraient. Hélas! le pauvre homme ne se doutait guère qu'il avait conduit sa femme sous le même toit que Robert.

La femme de chambre, séduite par les promesses argentées de Robert, lui fit espérer que le soir même elle endormirait la vieille, et qu'aussitôt elle viendrait lui ouvrir la porte. Mais ce soir-là Robert attendit vainement. Dans son désir de voir madame d'Épinay, il aurait volontiers brisé la cloison qui le séparait d'elle.

Le lendemain, son cœur se consuma encore dans l'attente; il ne sortit pas; il demeura en son logis, tressaillant au moindre bruit lui venant de son voisinage. Enfin, dans la soirée, la femme de chambre vint l'avertir que la vieille dormait. Il la suivit vers la chambre où restait toujours madame d'Épinay. La soubrette lui recommanda le silence sur son stratagème.

— Madame, dit-elle à voix faible en se détournant pour que Robert passât, monsieur a forcé ma consigne.

Madame d'Épinay pâlit, et pencha la tête sans pouvoir parler. La femme de chambre sortit aussitôt, et Robert, après avoir entrevu la figure endormie de la vieille, se jeta aux genoux de Clotilde et lui toucha la main du bout des lèvres.

— Quel secret vous amène? dit la jeune femme avec contrainte.

Robert leva les yeux et lui dévoila son âme

dans un regard. — Puis, d'une voix qui venait du cœur, il lui dit :

— Je vous aime, madame.

Clotilde sembla lui confier, dans un sourire amer, que ce n'était pas un secret.

— Hélas! murmura-t-elle avec toute sa candeur, je vous aime aussi, mais Dieu nous a séparés dans la vie, et nous ne pouvons nous voir sans être coupables. Laissez-moi seule, monsieur; gardez vous de revenir, car je serais perdue ; mon esclavage est adouci par votre pensée, qui est le rayon du soleil pour le pauvre prisonnier. — Laissez le prisonnier dans ses fers, monsieur; au moins, dans ses fers, il ne craint pas les reproches sanglants du monde; il n'est tourmenté que par son geôlier. — Laissez-moi seule avec ma douleur, avec votre pensée pour consolation. — La douleur elle-même console de tant de choses!

Robert, touché de ces aveux sortis d'une

âme pure, demeurait silencieusement agenouillé devant madame d'Épinay, rayonnant d'un céleste amour, comme Madeleine la pécheresse devant le Christ.

Cette entrevue dura à peine une heure; Clotilde pria d'abord et finit par supplier Robert de partir.

— Madame, lui dit-il en lui ressaisissant la main, avant de vous quitter sans espérance de vous revoir, je vais vous demander une grâce que vous pouvez m'accorder sans trahir vos devoirs.

— Je vous accorde cette grâce, dit avec empressement madame d'Épinay, qui voulait donner à Robert une preuve de sa confiance en lui.

— Eh bien! madame, voici ce que je vous demande : Je demeure en votre voisinage; ma chambre n'est séparée de la vôtre que par une cloison qui ne m'empêche pas de vous entendre. Tous les jours, depuis votre arrivée en cette maison, j'ai la joie de vous entendre chanter dans les après-midi, promettez-moi de chanter toujours!

— Toujours, monsieur! dit Clotilde en souriant; vous ne savez pas l'immensité de ce mot.

— Madame, je passerais à vous écouter ma vie dans ce monde et dans l'autre; — mais enfin promettez-moi de chanter longtemps vos hymnes de tristesse; — au moins pendant une heure des jours qui me semblent si longs, je pourrai sans peine m'imaginer que je ne serai pas seul.

— Vous avez ma promesse, dit madame d'Épinay en ouvrant la porte. — Adieu.

Robert sortit en lui laissant son âme dans un regard.

Madame d'Épinay chanta les jours suivants comme elle avait chanté les jours passés. Robert l'écoutait tantôt avec d'ineffables ravissements, tantôt avec de sombres tristesses; ses chants étaient toujours des hymnes de douleur; s'il lui arrivait d'essayer une note plus gaie, un sanglot l'arrêtait soudain. Cette heure de chant était douce pour tous les deux; tous les deux l'attendaient avec ardeur ou s'en souvenaient avec délices; car c'était une heure toute pleine d'amour. — Alors ils se voyaient, et leurs âmes réunies dans la même extase ou dans la même ivresse s'élevaient ensemble au ciel ou s'enfuyaient dans les bosquets touffus.

Mais un jour l'heure d'amour se passa et madame d'Épinay ne chanta pas. Robert en eut une douleur infinie; il attendit le lendemain avec angoisses, et madame d'Épinay ne chanta pas plus que la veille.

Dans son chagrin, dans son ennui, Robert, depuis long-temps atteint d'un feu de poitrine, tomba malade. Il fit transporter son lit contre la cloison, et se laissa indolemment abattre par la maladie sans essayer d'y résister. C'était en ce temps fatal où le suicide couvrait Paris de sa robe noire;

un mauvais ange secouait dans l'air mille idées lugubres; la France désolée tendait les bras à la mort. Robert avait repoussé le suicide, mais il voyait venir la mort avec une joie farouche. Il était d'ailleurs trop dégoûté de la médecine pour avoir recours aux médecins.

Un jour, s'imaginant qu'il n'avait que peu de temps à vivre, il brisa le silence qu'il avait promis de respecter; il écrivit à madame d'Épinay qu'il allait mourir, et qu'à l'heure de la mort, son âme inapaisée serait à jamais ravie d'entendre encore sa voix à travers la cloison. Il priait la femme la plus aimée de son cœur de chanter une dernière fois.

Sa garde parvint à remettre la lettre entre les mains de la femme de chambre. Robert n'entendit point chanter; mais à la tombée de la nuit, son regard éteint après trop de rayonnements, suivait mille lugubres images dans le fond bruni de sa chambre, quand madame d'Épinay apparut devant son lit, conduite par sa garde, qui alluma la lampe et sortit.

Robert tendit silencieusement la main à madame d'Épinay.

— Vous êtes malade, monsieur? murmura-t-elle en s'asseyant sur un fauteuil.

— O madame, soyez bénie! dit Robert accablé sous sa joie; soyez bénie, vous qui venez répandre un parfum de votre vie à mon lit de mort!

— Vous êtes un fou, monsieur! On ne meurt pas à votre âge quand on veut vivre.

— Pourquoi vivre, madame? — Si c'était pour vous aimer!

Madame d'Épinay pencha la tête sur son sein.

— Ne parlons pas d'aimer, monsieur, dit-elle lentement; — je ne devais pas vous revoir, mais votre maladie m'a détournée de mon chemin. Je voulais d'ailleurs vous dire pourquoi je ne chantais plus mes chansons lamentables : la mère de M. d'Épinay me surveille avec tant de zèle et me poursuit avec tant d'acharnement, que depuis quelques jours je n'ai pu me trouver seule une minute ; — et chanter devant elle quand je me crois devant vous, ce serait un supplice horrible.

La voix de Clotilde s'était singulièrement affaiblie à ces derniers mots.

Le malade essuya deux larmes.

— Je ne puis rester qu'un instant, monsieur; la mère de M. d'Épinay me croit enfermée dans ma chambre. Tous les soirs, nous avons coutume d'attendre la nuit close pour allumer les bougies ; la mère de M. d'Épinay passe cette heure voilée à se ressouvenir de son vieux temps et de ses vieilles amours. — Je n'ai que cette heure de liberté, monsieur ; j'ai tenté de la passer à mon piano, mais j'ai trop de tristesse au cœur quand vient le soir.

Madame d'Épinay se leva, et tendant la main à Robert :

— Vivez, monsieur! lui dit-elle.

— Vivre et ne pas vous voir, madame!

Madame d'Épinay regarda Robert et sourit d'un sourire d'ange. — Puis elle sortit en murmurant : — A demain!

Le lendemain, madame d'Épinay chanta; Robert se sentit renaître à sa voix aimée; — et le soir, quand elle revint en sa chambre, il triomphait déjà de son mal.

Les tristes amants se confiaient leurs peines adoucies, leurs regrets et leurs amertumes, quand tout-à-coup une voix bruyante retentit au voisinage. — C'était la voix de M. d'Épinay qui arrivait de Toulouse et qui cherchait sa femme. Madame d'Épinay se cacha la tête dans ses mains; — et bientôt, laissant retomber ses bras avec désespoir, elle s'écria :

— O mon Dieu! vous me punissez; — suis-je donc coupable?

Robert, qui s'était péniblement soulevé, se pencha vers elle comme s'il craignait que M. d'Épinay ne vînt lui ravir ce trésor d'amour.

IV

Madame d'Epinay voulut sortir pour aller se jeter aux pieds du jaloux, mais il la retint de toutes ses faibles forces, il l'enchaîna dans ses bras, il l'attacha sur son cœur, et sembla défier du regard M. d'Epinay dont la voix bruyante retentissait toujours.

Dans sa fureur, M. d'Epinay outrageait sa mère et torturait sa servante. Une seconde fois la femme de chambre se laissa séduire par une bourse et peut-être aussi par le désir de faire le mal en ayant l'air de faire le bien; grâce donc à ce mauvais désir et surtout à sa bourse, M. d'Epinay sut que sa femme était chez Robert. Il s'empressa d'y aller, il arriva devant la porte à l'instant même où la garde revenait d'une course; il la suivit et se précipita avec la fureur d'un tigre dans la chambre du malade. A la vue de Robert dont les bras formaient un collier d'amour à sa femme, et dont les regards soudainement ranimés lui jetaient un froid mépris, il s'arrêta tout-à-coup en poussant un cri de rage.

—Ne craignez pas que je vous l'enlève, dit-il à Robert en riant comme un démon; — je n'en veux plus! elle est à vous!

Robert voulut parler, madame d'Epinay

à demi morte d'épouvante lui dit à voix faible :

— Robert, on ne défend que les coupables, ne me défendez pas.

— Je n'ai plus qu'un mot à vous dire, reprit M. d'Epinay en regardant Robert, — un seul mot : à demain !

— A demain ! répéta Robert d'une voix sonore.

M. d'Epinay sortit avec dignité.

— Vous ne vous battrez pas, monsieur, dit à Robert madame d'Epinay, je vous le défends ; — d'ailleurs vous êtes malade.

— Je ne serai point malade demain pour vous défendre, madame ; la vue d'une épée me guérira.

— Faut-il que je tombe à vos genoux ! — jurez-moi de ne point vous battre avec M. d'Epinay.

— Et mon honneur, madame ?

— Il faut m'en faire le sacrifice.

Robert pencha silencieusement la tête ;

madame d'Epinay lui prit les mains et les pressa.

— Jurez-moi sur votre amour que vous ne vous battrez pas?

Robert ne jurait pas.

— Qu'est-ce donc que l'amour? reprit Clotilde d'un air désenchanté.

—O madame, demandez-moi ma vie, demandez-moi toute autre chose que l'honneur.

— L'honneur! l'honneur! ne l'ai-je point perdu pour vous? Robert, ayez pitié de mes maux, accordez-moi la grâce que je vous demande.

Madame d'Epinay pressait plus amoureusement les mains de Robert. Robert frémissant à son toucher pencha la tête vers elle et lui baisa la bouche avec ardeur.

Et comme Clotilde le repoussait, il lui dit:

— N'êtes-vous pas à moi?

— A vous? murmura avec amertume madame d'Epinay.

— Oui, madame, à moi par l'amour, comme vous êtes par l'hymen à M. d'Epinay.

— Ecoutez, monsieur, reprit madame d'Epinay avec plus de calme, je ne suis pas à vous, mais je ne serai plus à M. d'Epinay; promettez-moi de ne pas vous battre avec lui; promettez-moi de vous éloigner à jamais de cette maison, et de mon côté je vous ferai serment d'aller vous trouver si je puis étouffer la voix du devoir; si je ne puis, je mourrai. Il y a long-temps déjà que je pense à ces terribles choses : le devoir, la révolte, la mort. Je vous demande encore quelque temps pour y penser ; mais par pitié pour moi ne demeurez pas ici ; n'avez-vous pas un pays où vous puissiez m'attendre ou me regretter? Vous m'avez parlé d'un village de Normandie où nous avons tous deux les mêmes amis ; allez là, monsieur, j'irai peut-être...

M. d'Epinay rentra à cet instant, plus que

jamais enflammé de colère; il n'avait pu résister à la vengeance soudaine, il n'avait pu attendre au lendemain. Il s'élança sur sa femme, la renversa avec violence, saisit une boucle de sa chevelure, et l'entraîna vers la porte. Madame d'Epinay souffrit en silence; Robert avait voulu la défendre, mais à la première secousse il était retombé éperdu, épuisé, évanoui.

Quand il revint à la vie, sa garde lui remit ces quelques paroles tracées au crayon par une main tremblante:

« *Je vais au couvent de Ste-C.—Le jour de ma fête qui sera la fête de ma douleur, le — septembre; j'en sortirai, pour M. d'Epinay qui me pardonnera, pour la mort ou pour vous. — Par pitié ne vous battez pas; allez à Soucy jusqu'au grand jour où ma destinée changera; ce sera pour moi une consolation de penser que vous serez là, seul.*

« *A Dieu.* »

Sur le revers du billet ces trois lignes étaient :

« *Je ne serai qu'à vous ou à la mort; si le jour de ma fête je ne suis pas à Soucy, je serai morte.* »

Robert lut avec une douleur infinie ce billet vingt fois chiffonné par madame d'Epinay dans la crainte d'être surprise; le dernier mot, l'adieu, n'avait qu'un *A*, un grand *D* et trois traits à peine formés. Le grand *D* fit peur à Robert qui crut y voir un pressentiment de la mort.

— Hélas! dit-il avec désespoir, elle ira *à Dieu*.

— Si elle meurt, je mourrai aussi, reprit-il en levant les yeux comme pour envoyer ce serment au ciel.

Le lendemain Robert ferma sa porte à M. d'Epinay qui ne s'était vengé que sur sa femme; Robert, soumis au dernier vœu de Clotilde, refusa de se battre.

Il partit bientôt pour la Normandie, résolu d'attendre le jour de la fête de Clotilde, résolu de mourir s'il ne la revoyait pas.

Avant son départ il fit tous ses efforts pour découvrir le couvent qui la renfermait; ce fut en vain.

Il partit, emportant dans son cœur le plus triste des amours, et sur ses lèvres ardentes l'éternel souvenir du seul baiser qu'il eût ravi à Clotilde.

LIVRE VII.

Robert retourna donc à Soucy. L'hôtesse de Valvert, ennuyée dans sa solitude, avait abandonné sa petite maison pour reprendre un cabaret groupé de l'autre côté de l'île, sur la grande roche qui coupe la rivière. La pauvre veuve se ranimait là à la vue de la verdoyante jeunesse du village, qui venait amoureusement s'ébattre autour du cabaret en buvant le vin du pays.

Robert s'était isolé dans le pavillon, où il attendait avec angoisses le temps de sa vie ou de sa mort; il passait ses jours le plus tristement du monde. A son réveil, son premier regard tombait sur le cimetière où sa mère se reposait d'une existence douloureuse. Le cimetière était à la sortie du village, au milieu d'un champ désert comme tout le pays; de sa fenêtre, au travers des arbres de l'île, Robert voyait un pan de mur, une grande tombe en marbre, un saule échevelé, et un christ de fer veillant sur les morts : la grande tombe en marbre renfermait mademoiselle de La Roche, le saule ombrageait et arrosait de larmes du ciel la fosse de Suzanne. Cette attristante image du saule incliné sur une fosse tapissée d'herbe, sera toujours la plus belle et la plus douloureuse des épitaphes. Les épitaphes en caractères d'or ne sont que de misérables inspirations de l'orgueil : les regrets inscrits sur la tombe, ne sont plus dans le cœur. Ce n'était pas seulement à son réveil que Robert envoyait un regard d'amour au cimetière; — et le soir on l'a vu souvent appuyé contre le saule, abîmé dans sa douleur.

Il passait de longues heures dans le bocage le plus solitaire de l'île. Quand la curiosité poussait vers lui quelque pêcheur ou quelque marinier, il levait son regard éclatant, et le curieux ébloui se détournait aussitôt. Grâce à la médecine homœopathique, il faisait de royales aumônes, et, hormis les curieux, nul n'avait à se plaindre de lui. Cependant cette vie sauvage, cette douleur solitaire tourmentait tout le village. Les vieilles femmes disaient que c'était un sorcier; les hommes disaient qu'il avait de mauvais desseins, et les filles confiaient avec candeur qu'elles étaient moins farouches que lui. Il était vêtu avec beaucoup de magnificence : plus d'un regard l'avait surpris à sa fenêtre, couvert d'une grande robe de velours noir. A son arrivée on avait lugubrement décoré le pavillon; c'était partout d'un aspect sombre et froid; le soleil n'y rayonnait jamais; on croyait entrer dans une chapelle où il y a des dalles noires, des tentures larmées; un Christ qui souffre, et une Vierge qui pleure.

Robert avait coutume de prendre ses repas au cabaret de l'hôtesse, et tout le monde tourmentait la veuve pour savoir quelque chose de lui, mais l'hôtesse gardait toujours le plus profond silence.

Loin du monde où il n'avait trouvé que des ennemis, dans la solitude, dans son île déserte, Robert ne trouvait que des amis. C'était le soleil qui ranimait sa vie au feu de ses rayons, le rossignol qui chantait tous les soirs ses hymnes de douleur, l'humble marguerite qui lui offrait sa blanche corbeille de fleurettes ; — c'était la rivière qui le berçait amoureusement sur son sein agité, le platane qui servait de parasol à sa fenêtre, le ruisseau du vallon qui devisait souvent avec lui. — Toutes ces choses inconnues à Paris charmaient les ennuis de Robert, qui n'était pourtant guère bucolique ; il était surtout charmé d'un rossignol qui tous les soirs égrainait en pleurant son chapelet de perles ; sa voix qui avait le feu des diamants chantait une sombre élégie ; c'était une larme éclatant à la lumière.

Robert avait d'ailleurs retrouvé à Soucy Gérard, la seule de ses amitiés dont le souvenir lui fût doux. Vous savez que Gérard avait joyeusement abandonné les sentiers fleuris des Muses pour suivre au désert mademoiselle de Mercœur dont la jeunesse s'épanouissait alors au château de La Roche.

Je vais vous reparler un peu d'Olivier que vous n'avez vu qu'une seule fois depuis le solennel adieu de Suzanne : — sur la tombe de la pauvre femme.

Peu de temps après la mort de Suzanne, mademoiselle de La Roche succomba à un anévrisme : — Aux portes de la vieillesse Olivier se trouva seul.

Il avait eu autrefois un fils qui l'avait consolé de son douloureux amour, mais la mort avait frappé ce fils comme pour le punir d'avoir abandonné ses deux premiers enfants.

L'oubli n'avait pu bâtir son mur d'airain entre Suzanne et lui ; le temps, ce grand médecin des âmes, n'avait pu guérir ces deux amants de l'amour qui était devenu pour eux la plus terrible des maladies. En vain Olivier s'était abandonné aux élans de l'orgueil; il avait agrandi son domaine, il était entré au conseil d'État, il était devenu chevalier de la Légion-d'Honneur, marquis de Vermand; mais tout cela lui semblait misérable quand il songeait à un regard de Suzanne. En avançant dans la vie il avait espéré laisser l'amour sur son chemin, mais l'amour le suivait encore; il voyait souvent Mariette qui avait coutume de lui parler du beau temps passé. Quand revenait l'automne avec ses teintes mélancoliques, il s'en allait au fond des bois rêver *à ce beau temps passé*; il se revoyait avec Suzanne au vieux château de Vermand, et cette belle souvenance lui apparaissait comme un ciel sans voiles. Il ressentait un douloureux émoi à la vue des cerisiers sauvages dont les panaches écarlates animaient la nature à son lit de mort; il semblait que le plus ardent de ses souvenirs se fût endormi là pour se réveiller à son premier regard. Il est un temps dans la vie où on dépense toutes les richesses de son cœur; — on retourne toujours à ce temps-là. Olivier retournait sans cesse à son amour d'automne.

Il ne revit pas Suzanne après sa fuite du château, mais il sut toujours où elle était, même durant les années qu'il passa à Paris. Le château de La Roche était du village de Soucy, et le pavillon long-temps délaissé de l'île était une dépendance du château de La Roche. Olivier l'avait donné à Mariette à son second veuvage. Sa femme, révoltée de voir passer une dépendance de sa famille en des mains étrangères, avait d'abord pensé à en chasser Mariette et Suzanne; mais sentant déjà les atteintes de l'anévrisme dont elle mourut, elle ne songea bientôt plus qu'à sa fin prochaine. Olivier sut alors que Suzanne languissait dans l'île d'un mal mortel ; il pensa souvent à la revoir avant sa mort pour lui demander une seule parole de paix; mais, toujours trop faible, il n'alla point la revoir, et ce ne fut que sur sa tombe qu'il implora sa miséricorde, qu'il la pria de lui pardonner.

Quand le marquis de Vermand se vit seul, sans famille et sans amis, il regretta plus que jamais d'avoir repoussé loin de lui deux enfants qui auraient été la joie de Suzanne et qui auraient empêché de s'éteindre la famille de Vermand. Rien n'est plus horrible que de se voir le dernier débris de sa famille. Olivier en était là quand une de ses cousines mourut à Paris en laissant à la grâce de Dieu une fille de seize ans. Il appela près de lui cet autre débris d'une famille autrefois puissante.

Cette jeune fille de seize ans, c'était la jeune marquise de Mercœur, la seule amie de madame d'Epinay, la seule espérance de Gérard.

M. Desmasures était devenu notaire de Soucy; la malencontreuse aventure de Robert et de sa femme l'avait chassé de Valvert, où la servante, dont il avait dédaigné l'avis, se vengeait par mille contes cornus.

En face de l'île on distingue une maison qui s'élève avec majesté au-dessus des chaumières. Deux platanes se balancent devant la porte à grillage vert; des murailles grises ceignent la cour et le jardin qui borde la rivière; au dehors, parmi la mousse, le lichen, le lierre et les herbes qui tapissent çà et là ces murailles, on voit, durant toute l'année, des affiches où l'un des clercs a déployé toute sa science de maître d'école. Cette maison est le palais, le tribunal, l'académie et la banque de Soucy: — c'est l'étude de M. Desmasures.

Outre le marquis de Vermand et sa cousine, M. Desmasures et sa femme, qui étaient les dignitaires de Soucy, il y avait encore madame de Castelly, qui se pavanait là avec les débris d'une fortune trop mince pour la soutenir sur un plus grand théâtre. Dès les premiers jours du veuvage de M. de Vermand, elle avait recherché son alliance. A l'arrivée de mademoiselle de Mercœur au château de La Roche, elle s'était empressée de lui offrir une amitié qu'elle n'avait pas, espérant arriver par elle au château. La jeune marquise s'était résignée à cette amitié-là n'en ayant pas d'autre, et elle avait coutume de passer toutes ses soirées avec madame de Castelly, qui l'emmenait souvent voir madame Desmasures.

II

Je vais vous donner le spectacle d'une des soirées de ce temps-là au village de Soucy. La scène se passe dans le jardin de M. Desmasures, dans l'île de Soucy et sur la rivière d'Orne. Vous connaissez tous les personnages. Le spectacle vous semblera froid et maussade comme la vérité ; mais il vous servira pour cette histoire.

C'était quelques jours après l'arrivée de Robert ; le marquis et le vieux tabellion se promenaient dans leurs prés en s'inquiétant des moissons et des ministères à venir ; madame de Castelly, mademoiselle de Mercœur et madame Desmasures se jetaient des roses dans le fond du jardin, quand le farouche solitaire vint à la pensée de madame de Castelly, qui s'écria tout-à-coup :

— Est-ce donc un vampire que ce monsieur-là ?

— Vous avez deviné, dit en souriant madame Desmasures : — il est pâle, il sort la nuit, on l'a souvent surpris au cimetière, il se cache éternellement ; — c'est un vampire.

Mademoiselle de Mercœur pâlit ; madame de Castelly lui demanda si elle en était effrayée : un rose ardent effaça sa pâleur, et l'arrivée soudaine de Gérard la dispensa de répondre.

Une femme plus malicieuse que madame de Castelly eût deviné que Gérard seul avait deux fois changé la couleur de ce charmant visage.

Le maître clerc de M. Desmasures avançait en se dandinant avec une indolence tout orientale. Quand il fut à quelques pas de madame Desmasures — la femme du notaire était toujours à la tête de l'assistance, surtout quand Gérard s'approchait ; la jeune marquise était toujours à la queue — il fit un profond salut, mais son premier regard alla jusqu'à mademoiselle de Mercœur, qui le recueillit avec amour au foyer de son âme. Madame Desmasures fit une pirouette pour saisir au vol ce regard qu'elle espérait, ou pour cacher une petite moue qui accusait plus de colère que de dédain.

Gérard, qui craignait le retour du vieux notaire, et peut-être l'arrivée du marquis, passa rapidement auprès des dames. Il n'oublia pourtant pas qu'il était le messager de son cœur, et il essaya de toucher la main de la jeune marquise pour y laisser un billet fort tendre où il ne dormait plus, et où il se mourait d'amour. Mais madame Desmasures qui pirouettait toujours, autant pour le revoir que pour éteindre sa colère, empêcha Camille de tendre la main au passage de Gérard, ainsi que cela arrivait souvent à l'imprudente fille qui n'écoutait guère que la voix de l'amour : — et le billet resta ès-mains du clerc de notaire qui courut se jeter sur un mauvais hamac suspendu à deux arbustes qui répandirent une pluie de fleurs. Tout en pirouettant, madame Desmasures revint sur ses pas et saisit bientôt le hamac en criant qu'elle allait tomber. Gérard se souleva et tendit sa main à l'aventure. Mademoiselle de Mercœur avait suivi la jeune folle, tandis que madame de Castelly, qui se souciait fort peu du clerc, s'amusait à poursuivre un papillon gris qui lui rappelait les folâtreries de sa jeunesse. Gérard oublia son billet en tendant la main ; mais la jeune marquise, qui arrivait sans bruit auprès de madame Desmasures, entrevit ce billet à travers les doigts agités de son amant, et elle s'inclina pour l'avoir ; mais, à cet instant, madame Desmasures laissa tomber, ou plutôt jeta sa main dans celle de Gérard, qui sentit sa sottise, et qui trembla sur les suites qu'elle promettait. Le hasard, qui suit sans cesse l'amour, sauva les amants : pendant que la jeune femme s'abandonnait à un étourdissement factice pour demeurer devant Gérard, sans qu'on pût l'accuser d'étourderie, le malencontreux billet s'échappa et voleta aux pieds de mademoiselle de Mercœur qui s'était éloignée pour cacher sa rougeur et sa confusion. Elle appuya son pied sur le billet et le couvrit de sable, en regrettant de ne pouvoir le presser et le cacher sur son cœur.

Et craignant sans doute les fascinations de madame Desmasures, elle revint au hamac.

— Vous avez des vapeurs, ma chère, dit-elle à la jeune femme.

Madame Desmasures, qui voulait que la causerie prît un autre chemin, s'empressa de parler à Gérard du farouche solitaire de Soucy.

— Ne vous défendez pas, lui disait-elle, vous êtes l'ami de ce sauvage, vous le voyez mystérieusement, déchirez le voile mystérieux qui le cache à tous les regards. Ne craignez pas de nous effrayer; malgré les vapeurs que me donne la plus vaporeuse des marquises, je ne m'évanouirai pas.

Mademoiselle de Mercœur se mordit les lèvres.

— Madame de Castelly fait la guerre aux papillons, dit Gérard, qui espérait échapper par là à la curiosité de madame Desmasures.

— C'est presque une charmante coquetterie, murmura Camille.

— Tout âge a ses erreurs, poursuivit Gérard en se drapant avec le hamac.

— Quelle perfide méchanceté! dit en riant la femme du notaire.

Madame de Castelly survint à cet instant.

— Ce pauvre papillon! dit-elle en se minaudant; il m'a laissé la poussière d'or de ses ailes.

Et madame de Castelly secoua sa main, sans doute pour montrer qu'elle avait été blanche et fraîche.

— Autrefois, dit avec malice le clerc de M. Desmasures, les fées secouaient leurs mains pour semer de l'or dans leur empire; madame de Castelly ressemble aux fées de ce temps-là.

— L'insolent! pensa la duchesse qui trépignait, il ose dire que je suis vieille!

— Bienheureux temps! n'est-ce pas, madame? Temps des amours éternelles, des beautés éternelles, — et des orpailleurs, poursuivit-il en riant pour donner une tournure bouffonne à sa phrase.

— Il n'y a plus d'orpailleurs, dit mademoiselle de Mercœur; tout ce qui est beau passe vite...

Un sourire méchant anima la bouche de Gérard, et madame de Castelly lança un regard terrible à sa jeune amie.

— Oui, reprit Camille avec une tristesse feinte, tout ce qui est beau s'en va de ce mauvais monde; il n'y a plus d'or dans le sable, il n'y aura bientôt plus de coquillages...

Mademoiselle de Mercœur se pencha vers le billet.

— Que d'enfantillages aujourd'hui! dit madame Desmasures; madame de Castelly poursuit un papillon, Camille cherche des coquillages...

— Et madame Desmasures pirouette, murmura Gérard.

— Et M. Gérard s'obstine à être ridicule, reprit la jeune femme.

— Ridicule ! madame.

— Très ridicule : il y a en ce pays un sot qui veut passer pour un sauvage, et vous êtes son compère, — une bête farouche qui vous appelle pour médire du monde, — un fou qui vous dérobera le peu de raison qui vous reste, — et vous persistez à garder un profond silence sur lui.

—Comme vous dites, madame, c'est un fou, car il a perdu la tête en perdant son cœur.

Un bruit de voix se fit entendre alors, et Gérard, qui pensait au sort de son billet, trembla en pressentant un obstacle de plus pour Camille. La jeune marquise se releva tout-à-coup et bondit en s'écriant : — Un charmant coquillage !

Et pendant que madame de Castelly et madame Desmasures contemplaient le coquillage, Gérard lut dans un regard de Camille que le billet était sur son cœur.

III

Les grandes ombres du marquis et du notaire vinrent trembler jusque sur les trois femmes; Gérard bondit dans son hamac et perdit sa grâce nonchalante; involontairement madame Desmasures recula d'un pas, madame de Castelly alluma son vieux regard, Camille éteignit le sien.

— Le ministère est à l'agonie, dit M. Desmasures, la doctrine succombe, et s'il n'apparaît bientôt quelque grand politique qui se fasse le champion du pouvoir, l'orage éclatera.

— Eh! pardieu, mon cher monsieur, répondit M. de Vermand, il règne une grande sécheresse qui attend la pluie de cet orage-là.

Le marquis n'avait pas fini cette phrase allégorique, que madame de Castelly lui criait bonsoir d'une voix aigrelette.

— Madame, dit alors le notaire, votre trèfle de la montagne est grandi d'une coudée.

— Votre clerc est un impertinent, monsieur; il court toujours après l'esprit.

— C'est pourtant un clerc semé d'esprit, madame.

Le notaire se mit à rire aux éclats.

M. Desmasures, qui veillait en véritable cerbère sur la vertu de sa jeune femme, surtout depuis l'équipée de mons Robert, craignait les agaceries de Gérard, et imaginait tous les jours quelque mordante satire contre son clerc, dans l'espérance d'en dégoûter sa femme. Gérard, qui sentait sa puissance, avait l'esprit d'en trouver dans la satire du maître; il avait en outre l'esprit d'être à l'étude quelques minutes avant et après M. Desmasures. Son éloquence, toute pleine d'artifices, venait souvent en aide au notaire dans des causes obscures, et les clients émerveillés prônaient partout son savoir. Cependant il n'était rien moins que savant : il avait effleuré toutes choses; son âme avait réfléchi mille teintes vagues, s'effaçant tous les jours. Mais c'était beaucoup trop pour l'élever fort au-dessus du notaire; quoique le notaire fût de l'académie d'Amiens, cette vertueuse fille qui ne fit jamais parler d'elle. Malgré sa jalousie, M. Desmasures ne pouvait renvoyer un clerc aimé de ses clients, et surtout de sa femme.

D'ailleurs il ignorait l'amour de sa femme; il avait trop de vanité pour penser que l'épouse du maire et du notaire de Soücy pût jamais abaisser son âme à un mauvais clerc n'ayant qu'un passé misérable et un avenir très nébuleux.

Madame Desmasures était une jeune folle pleine de coquetterie et de vanité, qui avait épousé en M. Desmasures le notaire, et non l'homme.

En province, les filles sont plus que jamais ravies de devenir les femmes des notaires, qui ont coutume d'épouser en elles la dot et non la femme; de sorte qu'il n'y a d'hymen qu'entre la charge du notaire et la dot de la femme, puisque ce n'est point l'amour qui les enchaîne. Après les noces, le notaire dispose de la dot et la femme de son cœur; le notaire paie son étude, sa femme se donne à un amant, et il advient des choses divertissantes.

Malgré sa folie, madame Desmasures demeurait sage, et si elle essayait de ravir Gérard à mademoiselle de Mercœur, c'était pour le seul plaisir de triompher; du moins, voilà ce qu'elle se disait, sans doute pour s'aveugler sur l'éternelle agitation de son âme.

Malgré l'amour de madame Desmasures, Gérard aimait toujours la jeune marquise de Mercœur.

Pour échapper aux importunes agaceries de madame de Castelly, le marquis s'en fut vers Gérard.

— Est-ce que le sultan de Soucy ne va pas au harem? lui demanda-t-il en s'assurant que sa cousine ne pouvait l'entendre.

— Hélas! répondit Gérard, il faut être bien abandonné de Dieu et de l'amour pour aller aujourd'hui dans l'île : on n'y rencontre plus que des grisettes qui ont trop vu le soleil; j'y suis attendu ce soir, mais...

— Tout simplement par le vampire, dit aussitôt madame Desmasures.

— Ce monsieur-là vous tourmente beaucoup, reprit le marquis; j'avertirai le tabellion; il est jaloux le tabellion !

— Mesdames, s'écria le notaire, voici une magnifique grappe de lilas qui va jeter la discorde parmi vous.

Pendant que les trois dames couraient à M. Desmasures qui tendait la main pour cueillir la grappe, Gérard s'élança hors du hamac et disparut soudain.

L'île était bruyante et animée quand il y aborda; c'étaient partout des courses et des cris joyeux, — des enfants qui se lutinaient sur l'herbe, des commères qui parlaient mal des filles de leurs voisines, des grand'mères qui regrettaient d'avoir péché depuis qu'elles étaient mortes au péché, des amoureuses qui fuyaient leurs galants afin de se laisser attraper dans quelque lieu solitaire.
— Gérard passa vite au milieu de ces diverses natures; les grisettes essayèrent de l'arrêter, l'une par un regard allangui, l'autre

par un sourire alléchant ; ce fut en vain : il
alla droit au cabaret où l'attendait Robert.
Il en sortit à la nuit close avec son ami ; ils
traversèrent silencieusement l'île devenue
déserte. Comme ils descendaient dans une
petite nacelle, ils se retournèrent au bruit
d'un frôlement de robe, et furent très étonnés de voir trois femmes sur la rive. Malgré
la sauvagerie de Robert, l'amour évangélique de Gérard, ils allèrent à elles ; mais
elles s'enfuirent aussitôt comme des faons
effarouchés, et se jetèrent dans une autre
nacelle.

Ils les suivirent et atteignirent leur nacelle à la tête de l'île ; ils reconnurent dans
les trois femmes madame de Castelly, madame Desmasures et mademoiselle de Mercœur. En revoyant Robert, madame Desmasures fit un petit cri de surprise et de joie ;
en revoyant madame Desmasures, — cette
page si folle et si gaie de son histoire, —
Robert s'épanouit encore. Mademoiselle de

Mercœur ne fut point étonnée de rencontrer Robert, car Gérard lui avait déjà confié que le farouche solitaire était son ami le magnétiseur. Madame de Castelly fut la seule des trois dont les regards poursuivirent Robert, et ce fut avec tant de curiosité qu'elle ne vit pas le trouble de madame Desmasures, ni les signes amoureux de Gérard et de Camille. Les nacelles tracèrent un Y sur les eaux, et les passagers se perdirent bientôt de vue.

Gérard prit le chemin le plus long pour retourner chez M. Desmasures, car le château de La Roche ne se trouvait pas sur le chemin le plus court. C'est toujours une grande joie pour l'amant de revoir avant de s'endormir les lieux où dort sa belle, sans doute parce qu'il espère des songes charmants dans son sommeil, — peut-être parce que sa pensée franchit les murailles et dérobe un baiser à la dormeuse. En passant devant le jardin du marquis, le clerc de

M. Desmasures plongea son regard amoureux dans une grande fenêtre blanchie par la lune, — et long-temps il demeura en contemplation sur le chemin, le regard perdu dans le rideau de la fenêtre ou dans les flots d'argent que traversait la lune. Il était pâle et triste quand il se remit à marcher : il regrettait de ne pouvoir s'arrêter plus long-temps où son âme s'abandonnait aux plus ineffables délices. Il n'avait pourtant devant les yeux qu'une grande fenêtre blanchie par la lune.

IV

Mademoiselle de Mercœur aimait Gérard. Ce ne fut d'abord qu'un sentiment léger — une petite fleur perdue parmi toutes celles de son âme; mais, de jour en jour, cette fleur avait grandi, elle avait déployé ses corolles, elle avait bu toutes les rosées de l'espérance et de l'illusion. Ce n'était plus une fleur perdue, elle se pavanait orgueilleusement au-dessus des autres qu'elle étouffait. Une fois Camille avait entrevu Gérard chez M. d'Épinay, un pâle souvenir avait à peine effleuré son cœur; mais tous les jours le souvenir était repassé comme un voyageur inquiet qui n'a point de gîte; il avait bientôt laissé des traces de son passage; le cœur ému l'avait accueilli en hôte hospitalier sans songer à se défendre de ses attaques; mais une fois à la porte du cœur, il s'était violemment agité pour arriver plus vite au foyer.

L'histoire de cet amour-là était simple, calme et presque monotone.

Mademoiselle de Mercœur vivait solitairement tantôt à la grande fenêtre de sa chambre, tantôt sous les bosquets touffus du jardin. Elle ne confiait pas son amour, soit qu'elle pressentît les sottes remontrances de madame de Castelly, ou la

jalousie altière de madame Desmasures.
C'était un trésor sacré qu'elle cachait à tous
les yeux. Quand le marquis apparaissait
soudain au milieu de ses rêveries, elle pâ-
lissait, elle tremblait : il lui semblait que
son cousin avait surpris son trésor et qu'il
allait s'en emparer. Quelques livres épars
dans le château lui offraient une ressource
contre la lenteur uniforme de certains jours.
Le soir s'écoulait plus rapide que le matin,
car c'était toujours le soir qu'elle voyait
Gérard. L'entrevue n'était parfois que d'un
instant; mais l'attente et le souvenir avaient
pour elle un charme infini. Elle ne s'était
guère trouvée seule avec Gérard, mais il
avait valsé avec elle au dernier bal du notaire — et c'était depuis ce bal qu'il avait osé
lui écrire et qu'elle avait osé lire ses billets.
Toutes les fois qu'elle traversait la cour de
M. Desmasures elle tournait involontairement la tête vers l'étude et vantait les dah-
lias du vieux notaire en regardant son clerc.

Quand l'obstacle empêchait l'entrevue des amants, mademoiselle de Mercœur tombait dans une vaporeuse tristesse qui inquiétait beaucoup M. de Vermand. Le vieux marquis se frappait le front en murmurant : — Eh ! pardieu, ma cousine veut se marier. Il marchait silencieusement et contemplait toutes les faces de sa fortune, qui était son seul amour depuis la mort de Suzanne ; il repassait dans ses terres en pensant à leurs produits ; il n'oubliait pas ses grands peupliers italiens destinés à faire les plus belles planches du pays, ses bouleaux enviés par tous les sabotiers d'alentour ; il s'arrêtait long-temps devant ses larges pommiers normands dont les fleurs avaient tant promis ; il s'arrêtait surtout au bas de la colline où s'étendaient comme de longs rubans verts ses vignes bien aimées. Et quand il avait rassemblé toutes ces richesses au fond de sa pensée, il se répétait pour la vingtième fois qu'il n'y avait point de dot dans tout cela, tant il avait peur de perdre une parcelle de sa dernière espérance. — Puis il essayait de se convaincre que sa cousine ne songeait pas à se marier.

V

Quand Robert était seul avec l'hôtesse, devant la noire cheminée du cabaret, il lui parlait souvent de sa mère; il aimait toujours l'histoire de cette vie brisée par l'amour. L'hôtesse la racontait avec une charmante simplicité, ayant soin d'en transporter la scène dans un autre pays, afin que Robert ne pût se douter que M. de Vermand eût été l'amant de Suzanne; l'hôtesse racontait surtout avec une chasteté évangélique; elle effleurait les scènes d'amour avec une délicatesse infinie. A chaque mot du récit, Robert sentait que c'était une sainte amitié qui lui parlait de sa mère. L'hôtesse faisait sans cesse l'éloge de la beauté, de la vertu, et du cœur trop plein d'amour de Suzanne. Robert l'écoutait avec attendrissement; il la bénissait de choisir des paroles voilées pour les scènes d'amour. Une mère est une divinité dans la pensée d'un enfant: au moindre mot qui tache la mère, l'enfant souffre le martyre.

Robert voyait souvent Gérard; il lui avait confié toutes les peines de son amour, et sans cesse il lui parlait du jour solennel où il devait retrouver ou perdre à jamais madame d'Epinay. Gérard avait confié à Robert toutes les joies de son amour, et sans cesse il lui parlait, avec la voix de l'espérance, de son prochain mariage, des charmes de Camille, des beaux enfants qui joueraient à ses pieds; dans son enthousiasme il allait même jusqu'aux petits-enfants.

Cependant M. de Vermand songeait à renverser les rêves d'or de Gérard; il avait de par le monde un ami qui lui semblait, plutôt que le clerc de notaire, digne de mademoiselle de Mercœur. Cet ami fut long-temps un obstacle; il fallut que Camille se révoltât contre le désir de M. de Vermand, qui fit naître d'autres obstacles, et qui, se souvenant enfin de son mariage avec mademoiselle de La Roche, finit par s'abandonner au vœu de sa jeune cousine.

Peu à peu le bruit s'était répandu dans Soucy que Robert était un ancien clerc de M. Desmasures; ce bruit avait parcouru tout le village avant d'arriver aux oreilles du pauvre notaire, qui, craignant le voisinage du traître, et qui d'ailleurs se sentant trop vieux, vendit son étude à Gérard, et emmena sa femme à Valvert, où il espérait que la satire s'était depuis long-temps apaisée.

Gérard était notaire depuis quelques jours seulement, quand il épousa mademoiselle de Mercœur.

Le jour des noces on dansa dans le parc du château de La Roche. Robert, qui n'était apparu qu'un seul instant à l'église, ne put échapper à ce dernier élan de la fête; entraîné par Gérard, il unit sa douleur à la folle joie des convives. Il contemplait d'un œil désolé le tableau charmant des danses sur l'herbe. Appuyé contre un vieil orme, il voyait avec un triste sourire flotter les robes et voltiger les écharpes; c'était sous un beau ciel de mai, sous les regards pâlis du soleil à son déclin. La mariée rayonnait de plaisir; elle était bruyante et enjouée comme un enfant; elle bondissait plus qu'elle ne dansait. Le vieux marquis de Vermand la regardait avec une douce mélancolie; il semblait que la vue de sa charmante cousine lui rappelât une chose à la fois douce et amère. Il se promenait dans le parc avec M. Desmasures, qui essayait de le distraire, en lui racontant l'histoire d'un testament. Gérard était tout aussi rayonnant que sa jeune femme, et après Robert, il n'y avait que madame Desmasures qui fût triste. Robert la regardait à la dérobée, et souriait au souvenir de ce beau matin où il s'était enfui en robe de chambre. Elle, regardait aussi Robert à la dérobée, et semblait réfugier son âme dans ce beau temps de sa vie. Tout en racontant son histoire du testament, M. Desmasures voyait du coin de l'œil les allures de Robert et de sa femme.

Quand vint la nuit, la noce alla s'épanouir au château. Robert s'en revint dans l'île, heureux de se retrouver seul en face de sa douleur.

LIVRE VIII.

I

M. le marquis de Vermand avait donné en dot à sa jeune cousine le château de Valvert et la ferme qui en formait la plus belle dépendance; il ne s'était réservé qu'un grand bois de chênes couvrant le sommet de la montagne où son aïeul était mort à la chasse. Quelque temps après les noces, Gérard, qui était émerveillé de ce domaine, voulut que son admiration passât dans l'âme de Robert. Un matin que sa jeune femme s'ennuyait de demeurer au logis, il s'en fut dans l'île, et pria son ami d'emmener Camille à Valvert. Robert n'osa point refuser, et bientôt le tilbury de M. de Vermand emporta la femme et l'ami. Durant le voyage, Robert gardait le silence, ne songeant qu'à son amour; la jeune femme s'amusait des caprices du paysage, et souriait à mille songes papillonnant autour d'elle. Quand le tilbury passait sous un arbre, elle tendait sa blanche main pour effeuiller les branches tombantes. Robert songeait qu'une main méchante effeuillait ainsi l'arbre de sa vie.

En passant sous un marronnier en fleur, il se leva et cueillit une grappe odorante, qu'il offrit à Camille.

— Cueillons les fleurs, les fruits sont mauvais, dit-il en souriant des lèvres.

La jeune femme le regarda avec quelque surprise, et voyant toute la tristesse de son sourire, elle détourna la tête et respira la grappe avec souci.

Ils arrivèrent sans plus de paroles au château de Valvert. Camille s'était sensiblement attristée; la sombre douleur que Robert essayait vainement de repousser avait rejailli sur elle; la gaieté qui l'animait à son départ s'était peu à peu voilée d'un nuage de mélancolie. En descendant du tilbury dans la cour déserte du château, elle sentit qu'elle n'était plus alerte comme le matin; elle s'appuya avec quelque nonchalance sur le bras de Robert, qui était tout ému à l'aspect des débris chancelants du manoir. Ils se promenèrent long-temps dans cette immense solitude, dont le silence éternel n'était brisé que par le bruit de leurs pas et par la hache du jardinier, qui abattait alors le plus vieux arbre du verger. Robert vit avec un sentiment pénible l'ameublement délabré des grandes salles, les tapisseries en lambeaux pendant aux murailles humides, les pierres moussues et écaillées des fenêtres. Camille, qui était souvent venue en ce château avec M. de Vermand, passa partout sans rien voir.

Dans son vol rapide, une hirondelle se jeta par une vitre brisée et vint s'abattre aux pieds de Robert, qui s'empressa d'aller ouvrir la croisée; mais pendant qu'il ouvrait la croisée, la jeune femme saisit l'hirondelle, et la couvrit de baisers. Robert regarda long-temps l'étourdie qui battait de l'aile dans sa blanche prison. Camille arracha follement un ruban à son chapeau, et dit à Robert, en l'attachant à l'une des pattes de l'hirondelle, que ce serait une souvenance de leur pèlerinage au château

Robert, touché de ce doux soin, sourit avec amertume.

— Oui, reprit la jeune femme en lâchant

l'hirondelle, l'an prochain nous la reverrons ainsi panachée.

— Vous la reverrez, madame, dit Robert d'une voix étouffée.

Camille suivit de l'œil l'hirondelle, et sembla ne pas comprendre ce que disait Robert. Ils se promenèrent dans le verger et surtout dans le jardin. La tonnelle tant aimée de Suzanne était encore dans toute sa splendeur; le chèvrefeuille laissait pendre nonchalamment à l'entour ses fraîches guirlandes, qui secouaient d'alanguissants parfums. Robert et Camille se reposèrent près d'une touffe d'oseraie, devant la petite source qui arrosait le jardin. Le gué qui servait autrefois de lavoir était couvert de mousses flottantes et de grandes herbes. Robert regardait couler la gazouillante fontaine dans son lit de cailloux et la jeune marquise cueillait les fleurettes qui étoilaient le tapis de verdure, pour les jeter au courant. Quand elle eut dévasté ce beau tapis, elle reprit la grappe de marronnier qu'elle avait déposée à ses pieds.

— Votre bouquet se fane déjà, dit Robert, confus de son sauvage silence.

Camille baigna la grappe dans la source.

— Déjà ! comme vous dites. —Déjà ! c'est un mot que toutes les femmes savent.

Camille rougit.

— Et votre amour, monsieur, qu'est-il donc devenu ? — il est *déjà* mort.

— Mon amour, madame, oh ! je vous bénis de m'en reparler à cette heure ! car à cette heure je suis le plus désolé des hommes. — Ne riez pas, madame, ne riez pas, — soyez ma confidente et plaignez-moi. Vous savez le commencement de ce triste amour, vous saurez la suite.

Camille savait tout ; ce qui n'empêcha pas Robert de lui raconter ce qui s'était passé jusqu'à son départ de Paris. Comme elle semblait violemment émue, il lui prit les mains et les pressa avec transport.

— N'est-ce pas, s'écria-t-il avec désespoir, que mon attente est la plus cruelle des attentes ?

Ils retournèrent à Soucy. La jeune marquise rêva toute la nuit aux souffrances de Robert, qui rêva toute la nuit aux douleurs de madame d'Épinay.

II

Gérard avait dit un éternel adieu à mesdames les Muses ; ce n'était plus le poëte éploré d'autrefois, s'envolant au ciel sur l'aile de ses blondes amantes, les Espérances et les Chimères ; le poëte timide et rougissant qui avait peur des femmes, et qui s'évanouissait à la vue des comédiennes ; c'était un joyeux notaire s'amusant de tout, s'enorgueillissant de son étude, de sa femme et du domaine de Valvert. Il semblait avoir changé de route avec Robert, qui était mort à la folle gaieté. Autrefois Robert était le joyeux insouciant dont la bouche souriait toujours, Gérard avait la mine d'un saule pleureur et soupirait des élégies ; mais aujourd'hui la joyeuse insouciance s'est réfugiée dans le cœur de Gérard, et la rêveuse tristesse, les soupirantes élégies dans l'âme de Robert.

Or, après les embrassements de l'hymen, après les premières nuits de roucoulantes ivresses, Gérard délaissa souvent sa femme pour son étude, et l'ennui vint souvent embrunir Camille, qui n'avait qu'un refuge contre l'ennui : — son âme toute rayonnante d'amour. Elle songea long-temps aux baisers de Gérard, et comme Gérard devenait avare de baisers, elle se prit à regretter les beaux jours où il n'était que son amant — et dans ses regrets, l'image de Robert lui apparut par intervalles.

Chaque fois qu'elle se trouvait seule avec Robert, elle était sa confidente. Robert lui disait tout avec la candeur d'un enfant qui se confesse ; le pauvre amant était heureux, dans sa peine, d'épancher son amour dans un cœur ami. C'était l'avare las de porter son trésor, qui trouve un champ solitaire où il peut le déposer. L'avare aime à revoir le champ qui renferme son trésor, Robert aimait à revoir Camille — et Camille garda le trésor.

Toutes les paroles d'amour envolées du cœur de Robert allaient au cœur de Camille, qui s'aveuglait parfois comme le confesseur qui écoute en frémissant la confession d'une femme. Robert s'aveuglait aussi, et ni l'un ni l'autre ne s'en doutaient. Ils étaient heureux de se voir, mais Camille croyait se désennuyer près de Robert, et

Robert croyait se consoler près de Camille.

Ils allaient souvent se promener aux alentours de Soucy. Un soir Robert emmena Camille à la fontaine; les écoliers jouaient dans l'avenue comme autrefois; ils s'amusèrent quelque temps de leurs jeux, et se reposèrent sur une pierre sculptée renversée au bord de l'eau ; cette fois, au lieu de parler de Clotilde, Robert parla de sa mère : Camille en ressentit une joie inconnue — au nom de Clotilde elle devenait jalouse — et c'était la première fois que Robert ne murmurait plus ce nom adoré.

Le lendemain, Robert, qui pressentait l'amour de Camille, n'osa reparler de Clotilde. — Et quelques jours après, la femme de Gérard ne sortit plus avec Robert sans emmener un enfant; cet enfant était un aveu. — Robert en ressentit une joie qui l'effraya : il avait une conquête de plus, mais avec cette conquête un remords.

Ils s'aimèrent ! — Camille s'éleva sur l'autel et renversa Clotilde ; — l'image enjouée de Gérard s'effaça sous l'image attristée de Robert.

Pourtant le souvenir désolé de Clotilde revenait souvent en Robert : la pauvre oubliée se relevait quelquefois jusqu'à l'autel.

Et Gérard reparaissait çà et là comme un amant aux yeux de Camille.

III.

Un dimanche, Robert entendant l'appel de la vieille cloche de Soucy, traversa la rivière et s'en fut à la messe. En passant dans l'église il attira les regards de tous les fidèles; le sacristain alla à sa rencontre et le conduisit malgré ses refus au banc désert de M. le marquis de Vermand. Il ressentit une joie solennelle aux chants des hymnes, aux parfums de l'encensoir, à la vue de l'autel qu'un christ d'argent dominait de toute sa grandeur et de toute sa souffrance. Ce christ d'argent, cet encens et ces hymnes qui s'élevaient à Dieu le rejetèrent tout d'un coup dans son enfance; il se souvint avec un pieux ravissement de ces jours calmes et purs où il chantait devant l'autel avec les benjamins du maître d'école; c'étaient de bienheureux jours. Quoiqu'il fût alors sans famille, il ne cherchait point d'amis, tant il avait d'amour au cœur pour répandre sur tout; il ne cherchait point de rayons étrangers tant son âme était rayonnante.

Il se rappelait surtout avec attendrissement une fête de Pâques dont il avait chanté l'épître sur l'estrade de maître Robert qui suivait de sa voix sonore sa frêle voix d'enfant. Dans ce souvenir il regardait l'estrade vermoulue, et seulement à cet instant il vit que le maître d'école n'était plus là ; son remplaçant était un jeune gars fraîchement sorti d'une école normale où il avait appris qu'il ne savait rien ; il chantait comme une autruche, mais en revanche il buvait de l'eau; tout le monde l'admirait, et le pauvre vieux maître Robert que les paysans avaient lâchement mis à la porte de son école, le vieux pédant qui aimait le vin, n'était nullement regretté. S'il ne mendiait pas en ses derniers jours, c'était grâce à M. de Vermand, dont la main charitable répandait l'aumône dans tout le village.

Robert entrevit tout-à-coup son vieux maître au lutrin chantant à gorge déployée; de temps en temps il tournait la tête avec envie vers l'estrade qui avait été son trône pendant un demi-siècle ; il semblait regretter la chape à franges d'or, le surplis festonné, et ses autres ornements d'autrefois.

Robert souffrit amèrement de la douleur

du vieillard qui avait perdu son sceptre; il en voulut beaucoup au jeune pédant qui semblait heureux de l'avoir détrôné.

A la sortie de la messe Robert s'était involontairement arrêté sous le portail pour revoir une Vierge gothique sculptée dans la muraille, quand le vieux pédant vint à passer; il était morne et silencieux comme un roi dans l'exil. — Robert lui tendit tristement la main; le pauvre homme, s'imaginant que Robert lui offrait une aumône, se détourna avec une fierté blessée; mais Robert lui saisit la main et la pressa avec amitié.

— Que me voulez-vous? murmura le vieillard surpris.

— Je suis un de vos écoliers, répondit Robert.

Le vieux maître se ranima soudain.

—Robert! s'écria-t-il; c'est toi, mon enfant!—Comme vous êtes changé! Hélas! tout change!

Le jeune pédant passait alors avec les enfants de chœur, dont les regards malins insultaient le vieillard.

— Voilà! voilà! reprit-il en suivant de l'œil la nouvelle troupe de chanteurs.

Il essuya une larme qui fut amère pour Robert.

Et quand il eut essuyé cette larme, quand il eut étouffé ses regrets sans cesse renaissants, il s'abandonna au plaisir de revoir Robert. Le portail débordait de fidèles qui s'arrêtaient tout étonnés devant le maître et l'écolier; le vieillard jeta autour de lui un regard de triomphe, un regard superbe comme autrefois dans son école; — ce fut le dernier.

—Vous m'avez chassé, dit-il à l'assistance, voilà pourtant un de mes élèves; — voyez!

Robert, voulant échapper au ridicule de cette scène, entraîna le vieillard et traversa rapidement la foule. Ils se trouvèrent bientôt devant l'école, dont la façade était encore tapissée par le fidèle cep de vigne. — Le vieux maître s'arrêta et dit à Robert :

— Si vous aviez voulu, vous seriez là; au moins, je pourrais vous aller voir, et vous ne m'empêcheriez pas de chanter au lutrin. — Mais je deviens fou, vous auriez dédaigné d'être maître d'école; c'est pourtant un beau métier que celui-là.

— Napoléon dut souffrir horriblement dans son exil, pensait Robert.

Il offrit de l'or au vieillard, qui n'en voulut point.

— Hélas! lui dit-il, c'est mon école que je regrette; c'est ma vieille table coupée par les enfants; c'est mon vieux fauteuil aux bras noirs; c'est mon vieux banc de pierre, où je fumais le soir; c'est surtout le silence bruyant des écoliers, le parfum de jeunesse qu'ils répandaient autour de moi; c'est aussi les deux rayons de livres que je n'ouvrais jamais, mais dont la vue me donnait tant de joie. On m'a pris tout cela, on ne m'a laissé que cette souquenille que je couvrais le dimanche des ornements de l'église ; — ma femme même me fut enlevée à l'heure où j'avais besoin de ses consolations : je suis veuf de tout.

Robert se trouvait un homme heureux en face du maître d'école.

—Adieu, lui dit-il; avant un mois on vous rendra votre école, votre bruyant troupeau et votre estrade à l'église.

—Jamais, murmura le vieillard d'un air de doute.

Robert fit des démarches et des dépenses; en moins d'un mois il parvint à toucher les conseillers du village en faveur du vieux maître d'école, en leur promettant d'obtenir du ministère la permission de vendre des biens communaux; il alla voir le préfet de la ville voisine, qui était un de ses anciens amis, et qui s'empressa de le servir; —enfin il parvint à rendre à maître Robert les honneurs qu'il avait perdus. Dès qu'il eut sa nomination, il s'empressa d'aller à lui pour l'en avertir. C'était un lundi, le vieil ivrogne était au cabaret; Robert poussa le zèle jusque là; il trouva son maître s'enivrant avec deux buveurs acharnés : un sabotier et un joueur de violon, qui écoutaient d'un air morne les sanglantes histoires de leur échanson.

A la vue de Robert, le vieillard, qui était ivre, délaissa la modeste pinte de ses deux victimes, et vint s'incliner profondément devant lui.

— Monseigneur, lui dit-il sans le reconnaître, les Espagnols sont bien à plaindre! je viens de lire la gazette...

Le vieux fou s'arrêta mystérieusement comme s'il avait un secret à confier; il espérait que, pour en savoir davantage, monseigneur demanderait au cabaretier une bouteille du fond de la cave; mais monseigneur n'en fit rien, peu curieux qu'il était d'apprendre des nouvelles d'Espagne arrivant d'un cerveau ivre.

Enfin maître Robert reconnut son élève.

Quand Robert lui apprit qu'il était renommé maître d'école à Soucy, le pauvre homme sortit tout d'un coup des vapeurs de l'ivresse et rayonna d'une joie superbe, comme s'il était devenu roi du monde.

Le lendemain, à l'heure où il devait reprendre possession de son ancien pouvoir, on le trouva mort dans une misérable chaumière qui lui servait de gîte depuis sa chute: — il était mort de joie.

IV

On touchait à l'automne ; les vignes rougies appelaient les vendangeurs, les pommiers secouaient leur feuillage et leur fruit sur les marges vertes des chemins, les champs dévastés offraient çà et là à l'œil désolé quelques nappes verdoyantes de trèfle et de colza. Les noisetiers bordant les bocages balançaient leurs petites grappes barbues ; les sorbiers de l'île s'étoilaient de corail ; les églantiers se paraient de colliers rouges ; la rivière fuyait plus claire et plus nonchalante que jamais, entraînant dans son cours de pauvres feuilles dispersées qui cherchaient une tombe. Robert voyait avec une douce tristesse ce premier deuil de la nature ; il assistait en leur lit de mort toutes les fleurs sauvages de l'île dont le dernier parfum s'était perdu au ciel. Le matin, quand l'aube était vermeille comme une joue d'enfant, quand la rosée blanchissait la verdure, il descendait dans sa nacelle et remontait le cours de l'eau en contemplant les rives mornes et ravagées ; souvent il amarrait sa nacelle sous le château de La Roche et s'en allait déjeuner à Valvert dans cette auberge aux contrevents rouges, dont l'ameublement grotesque lui rappelait des jours si rayonnants. Il s'en revenait durant les ardeurs de midi, se reposant au fond du bois à l'ombre des pommiers de la route, caressant deux images toujours flottantes en son âme. Il aimait les alentours du château, dont les tourelles seules s'élevaient au-dessus des grands chênes du parc ou des grands ormes de l'avenue qui descendait jusqu'au chemin bordant la rivière. Il pensait qu'une vie heureuse s'écoulait en ce château si gaiement groupé sur le versant de la colline ; il ne se doutait guère qu'il y eût là une douleur plus sombre que la sienne : il espérait encore, M. de Vermand n'espérait plus rien ; il aimait, il était aimé, le marquis n'avait plus de feu dans le cœur, le monde n'avait plus d'amour pour lui.

Vers le soir, l'hôtesse assise à sa fenêtre regardait avec mélancolie revenir Robert qui se laissait indolemment aller au courant, et qui ne se réveillait au monde qu'à la vue de la pauvre femme, dont la douce figure se détachant dans la fenêtre sur le fond noir du cabaret, ressemblait à un portrait dans un vieux cadre. Il dînait toujours avec elle dans une petite salle qui regardait la rivière, les tourelles ébréchées du château de La Roche et le clocher lointain de Valvert. L'hôtesse était heureuse durant tout le dîner; elle servait Robert avec un plaisir qui ne s'altérait pas, et s'il survenait alors des buveurs au cabaret, elle leur donnait à boire et refusait leur argent. Dans la soirée, Robert allait voir Gérard en pensant à sa femme et en maudissant son nouvel amour. Puis, à la clarté de la lune, la belle lampe du ciel, il s'en revenait une dernière fois dans l'île écouter pendant une heure les élégies du rossignol dont la voix secouait en son âme une belle pluie de perles. Sa pensée flottait encore long-temps de Clotilde à Camille ; il revoyait les teintes automnales qui l'avaient si doucement attristé dans sa promenade, et se demandait souvent si le cœur humain était comme la nature, s'il s'enrichissait d'une moisson tous les ans, s'il se couvrait de frimas pour reverdir encore, — ou si le cœur n'avait qu'un printemps ?

LIVRE IX.

Cependant l'heure fatale approchait; cette heure terrible où madame d'Epinay devait briser son joug ou sa vie. Peu à peu Robert cessa de voir Camille, et demeura dans l'île comme dans une prison, abîmé dans la peine plutôt que dans l'amour, repoussant de toutes ses forces le souvenir attrayant de la jeune marquise, et relevant en son cœur l'idole abattue.

Il arriva enfin ce jour attendu avec tant d'angoisses, tant de craintes et tant d'espérances. Robert sortit dès l'aurore, la tête égarée, le cœur palpitant; il se mit à marcher rapidement, comme s'il allait échapper aux dévorantes idées qui le pourchassaient.

Ce jour-là l'hôtesse l'appela vainement pour déjeuner. Il errait comme un fou par tous les sentiers de l'île, perdu dans sa douleur comme dans un dédale.

Dans la matinée, il regardait tristement couler la rivière, quand M. de Vermand, qui allait voir Mariette, aborda à quelques pas de lui, dans une touffe d'oseraie voilée de lilas sauvage. En s'élançant sur la rive, le marquis trébucha à une racine et tomba dans l'oseraie. Robert, voyant la nacelle se détacher du bord avant que M. de Vermand ne parût dans l'île, s'empressa de courir au secours du vieillard. Il touchait à l'oseraie, quand le marquis se releva en s'essuyant la face. Sa chute l'avait affaibli; il s'avança vers Robert en chancelant, et le remercia de sa sollicitude. Ils suivirent ensemble le même sentier, en échangeant quelques vagues paroles, et se trouvèrent bientôt devant le cabaret de l'hôtesse, qui sembla troublée de cette rencontre, et qui les pria de passer dans la salle du fond. Robert voulait se retirer, mais M. de Vermand, depuis long-temps curieux de connaître le singulier personnage qui habitait son pavillon, lui tendit paternellement la main, et le pria à son tour de passer dans la petite salle des amis de l'hôtesse. Robert suivit avec une morne indifférence M. de Vermand, qui demanda à l'hôtesse une bouteille de son vin du Midi. — Au dernier printemps, le marquis avait envoyé à Mariette un panier de vin d'Espagne

Quand M. de Vermand et Robert furent dans la petite salle, en face l'un de l'autre, ils se regardèrent avec émoi et penchèrent tristement la tête, comme deux douleurs qui se rencontrent et qui se devinent.

— On parle beaucoup de vous en ce pays, monsieur, dit le marquis à Robert; on s'étonne avec raison de vous voir, si jeune encore, dans cette triste solitude.

— Si jeune! monsieur, répondit Robert; ma jeunesse est morte dans le monde. Il est une heure dans la vie où on s'endort dans l'espérance, où on s'éveille dans les regrets : cette heure, qui sonne le glas funèbre de la jeunesse, est venue pour moi. On est vieux, monsieur, quand on a la mort dans l'âme.

Et devenant poëte à force de douleur, Robert poursuivit avec emphase :

— Le chemin, qui va du berceau à la tombe, traverse d'abord un jardin semé de roses; après ce jardin, c'est un champ perdu sous l'or des moissons ; ensuite, c'est un désert où tremblent quelques cyprès. Tous les pèlerins s'arrêtent pour jamais en ce désert, où ils ont un dernier refuge. Oh! s'il est une heure terrible, une heure désolante, une heure solennelle dans la vie, c'est l'heure où la jeunesse est à son lit de mort. Avec quelles angoisses on se voit à jamais exilé du beau jardin de la vie! On se retourne effrayé d'être déjà si loin; vainement on essaie de revenir sur ses pas, le vent de la mort vous pousse sans relâche. Et l'horizon devient de plus en plus sombre, et le chemin devient de plus en plus solitaire. A chaque pas on perd un ami, on perd une amante ; on n'a plus de famille, car le beau temps de la famille est passé : les enfants se dispersent au sortir du berceau comme les nichées d'oiseaux au sortir du nid. On est seul au déclin de la jeunesse, et la jeunesse dure si peu! On est seul jusqu'à la mort. On rappelle en vain les blanches chimères et les douces espérances; mais les espérances et les chimères meurent dans le beau jardin; leurs ombres glacées ne suivent les pèlerins que pour animer leurs regrets.

— Ah! que je suis déjà loin de ce beau temps où j'adorais la vie comme une amante!

— Déjà la vie n'est plus une amante pour vous?

— La vie n'est belle que dans le lointain, au travers du prisme des illusions. J'ai vu la vie de trop près, monsieur; je me suis trop avancé sur son chemin : les abords en sont charmants, et je croyais, dans ma candeur, que le chemin serait toujours vert; je croyais m'y promener à l'ombre et au soleil, au bruit des plus agaçantes chansons d'oiseaux; mais bientôt le ciel s'est voilé : plus de soleil et plus d'ombre; les chansons se sont changées en litanies, et l'herbe verdoyante du chemin s'est fanée sous un souffle aride : la verdure, c'est la jeunesse; le souffle aride, c'est le désenchantement, qui est la mort du cœur. Sous toutes les fleurs de la vie, il y a un serpent; la jeunesse ne le voit pas sous les vertes tiges des espérances, mais les tiges se brisent bien vite, et le monstre apparaît à chaque instant sous l'amitié, sous l'amour, sous l'hymen. — Je l'ai vu partout, monsieur, voilà pourquoi je suis seul.

L'hôtesse déposa une bouteille et des verres sur le bord de la fenêtre.

— Sous l'amitié, sous l'amour, sous l'hymen, dit M. de Vermand, charmé d'entendre Robert, et voulant par ces mots ranimer sa parole.

— Et d'ailleurs, reprit Robert, j'en suis à me demander si ces choses existent encore. Il y a bien des amis, mais où est l'amitié? Il y a bien des aventures galantes, mais où est l'amour? Il y a bien des époux, mais où est l'hymen?

Une circonstance assez bizarre m'a ouvert

les yeux sur l'amitié : à l'aurore de ma jeunesse, je tombai malade, et m'imaginant que j'étais à mon lit de mort, j'eus la fantaisie de faire un testament. Je dispersai en trois tresses une touffe de mes cheveux; je rassemblai tout ce que j'avais de précieux : — un diamant, une chaîne, une bague incrustée, un tableau de vieux maître allemand, une grivoiserie de Rembrand, un petit Amour de Ruysdaël, une fantaisie de Callot — toutes choses que j'avais à grand'-peine amassées, et qui étaient toutes mes richesses. Dans mon testament, je léguai à trois femmes aimées les trois tresses de cheveux, la bague incrustée, la chaîne et le diamant. — Ce qui me restait, je le léguai à mes amis; — je léguai même mon portrait à Gérard. — Pauvre enfant aveugle! L'autre jour, en feuilletant mes livres, j'ai retrouvé ce singulier testament que j'avais écrit avec tant d'amour et tant de larmes. — J'ai d'abord ri, monsieur; mais j'ai bientôt pleuré en me ressouvenant que ces trois femmes aimées, que ces légions d'amis, m'avaient tous délaissé ou trahi quelque temps après l'heure où j'aurais dû mourir. Si j'étais mort, monsieur, mes cheveux eussent été balayés à la rue, mes joyaux eussent mille fois changé de mains, mon tableau allemand, mon Amour de Ruysdaël, mes dessins de Rembrand et de Callot eussent été misérablement vendus par mes amis; — et mon portrait, monsieur, mon portrait servirait aujourd'hui de devant de cheminée à Gérard, le meilleur de tous. — Si je recommençais ma vie, je balayerais tous les amis de mon passage.

— Et moi, dit M. de Vermand, j'ai toujours regretté de n'en point avoir; je les aurais aimés comme les vieilles femmes aiment leurs confesseurs : il doit être si doux de dire ses joies ou ses peines, de rayonner ou de pleurer à deux.

— Insensés et faibles que nous sommes!

s'écria Robert; nous ne pouvons contenir notre joie, nous la laissons toujours déborder sur nos amis. Nous arrivons à eux tout rayonnants, nous les fuyons bientôt l'œil éteint, le front morne, l'âme dévastée. Et nous ignorons d'où vient cette métamorphose; — c'est que tout à l'heure nous avions un trésor en nous; un rayon du ciel illuminait nos ténèbres, une pure rosée ranimait les fleurs mourantes de nos âmes — oh! nous sommes d'éternels écoliers dans la vie — nous avons semé notre trésor dans une terre étrangère, nous nous sommes mis à l'ombre du rayon céleste en nous approchant de notre ami, nous avons versé dans son âme les pures rosées baignant la nôtre; — et pour nous plus de trésor, plus de rosée; — nous voilà redevenus pauvres comme avant toutes ces richesses de la joie; les ténèbres sont encore en nous; — et les fleurs de nos âmes, les espérances, les chimères, les croyances aux belles choses, vont se faner s'il n'arrive du ciel une autre goutte de l'inépuisable rosée. Nous sommes plus insensés qu'un amant ivre d'amour qui laisserait sa maîtresse à son ami pour lui donner une preuve de ses ravissements, et qui ne verrait sa folie qu'en s'en allant seul. Oh! gardons la joie qui nous vient toujours quand nous n'y pensons pas; gardons-la dans les plus touffus bocages de l'âme; si notre ami vient à passer, imitons l'avare qui laisse deviner ses richesses, mais qui ne les découvre jamais. Permettons au regard de notre ami de plonger dans notre âme, d'entrevoir ses doux rayonnements, ses fêtes enchantées; car c'est une joie de plus de savoir que nos amis se doutent de notre joie; mais voilons son regard : en voyant moins il croit plus, et s'anime mieux devant notre radieuse extase; — ou plutôt détournez-vous de votre ami, allez long-temps rêver à l'ombre des grands chênes, au parfum de la verdure et des fleurs, à la vue du bleu des nues, aux endormantes rumeurs des champs; les grands chênes agités, le ciel aux teintes changeantes, les fleurs versant leur baume, sont autant d'amis qui laisseront doucement sommeiller la joie dans votre âme.

Ce charmant mystère, cet aveu sacré d'une femme que nous aimons, quand notre ami le sait, il nous semble aussitôt que les regards du monde ont profané sa pure image. Les femmes ne sont pas si folles que nous; elles ont plus de science de la vie; elles gardent mystérieusement au fond de leur cœur toutes les joies de l'amour.

Je me suis souvent demandé d'où venait qu'après avoir versé ma joie dans l'âme d'un ami, j'étais devenu presque triste, et que mon âme, tout à l'heure si débordante, était vide. J'étais triste, parce que ma joie avait été tristement accueillie; mon âme était vide, car j'en avais follement répandu la liqueur.

Robert se penchait de temps en temps à la fenêtre et dévorait l'espace d'un regard avide, puis il poursuivait étourdiment le cours de ses poétiques emphases, en essayant d'oublier qu'il attendait la vie ou la mort.

— Mais au lieu de la joie, si c'est la douleur qui déborde en nous, ne la couvrons pas d'un voile mystérieux ; répandons-la à flots dans l'âme de nos amis, c'est-à-dire dans les oreilles de nos amis; car notre douleur ne peut aller jusqu'à leur âme ; confessons notre peine au premier venu sans craindre de l'attrister, sans craindre que notre douleur ne rejaillisse sur lui : notre joie le froisse et le blesse, notre douleur le charme et le fait sourire ; il a tant souffert qu'il se console aux souffrances d'autrui ; il a eu si peu de joie, qu'il nous jalouse misérablement la nôtre.

Renversez donc sans cesse le vase de la douleur, allez l'offrir à toutes les lèvres étrangères qui n'y trouveront pas d'amertume. Mais gardez précieusement votre joie comme vous garderiez à vingt ans la virginité de l'âme, cet autre trésor qui ne se retrouve pas, feuille trop vite jaunie, qui se détache pour jamais de l'arbre, tourterelle qui s'envole un matin de son nid et qui ne revient plus.

Quand nous avons la joie dans l'âme, n'y pensons pas trop, ne l'épuisons pas à force d'en jouir, ne l'étreignons pas comme une ardente maîtresse ;—nous en abusons, nous en faisons une orgie : voilà pourquoi nous la perdons si vite.

— Mais qui vous a fait douter de l'amour et de l'hymen? demanda M. de Vermand.

— L'adultère m'a fait douter de l'hymen, et l'hymen m'a fait douter de l'amour.

Dans son âme plus que jamais enflammée, Robert demanda pardon à madame d'Epinay,

Et, se penchant à la fenêtre, il perdit encore son regard dans le chemin où il espérait voir passer la femme la plus aimée de son cœur.

II

M. de Vermand versa du vin dans les verres.

— Il me semble, dit-il, quand Robert fut détaché de la fenêtre, que vous voyez tout d'un mauvais œil?

— Oui, je souris à la désolation : j'eus l'oubli pour héritage et j'ai passé au travers de toutes les misères de ce temps. Je suis entré dans le monde appuyé sur ma candeur et sur mes espérances, et dès que j'ai touché le monde, mes espérances et ma candeur se sont envolées au ciel, d'où elles m'étaient venues. — Le monde m'a sacrifié : l'un trouvait de la joie à faner mes croyances, et il fanait mes croyances; l'autre n'avait plus rien en lui, et sa pensée aride se plongeait dans mon âme pour y pomper à toutes les sources de la jeunesse. — Je ne vous dirai pas combien de fois j'ai été la victime du monde. J'avais tout perdu quand enfin j'ai levé la tête et je me suis vengé. Pour opprimer à mon tour, pour dépouiller les autres comme on m'avait dépouillé, il m'a fallu descendre bien bas; — alors d'esclave je suis devenu roi, c'est-à-dire charlatan; au lieu de servir, j'ai été servi; d'enfant que j'étais je suis devenu homme, et de victime bourreau; — et la foule a baisé mes pieds qui la repoussaient et mes mains qui la dépouillaient ; mais je me suis lassé bien vite de cette lâche vengeance ; je me suis lassé de nager dans les flots impurs du fleuve qui mène à l'argent. — Après la vengeance je suis arrivé au dédain, et du dédain au mépris. — Et quel est l'homme, conservant encore quelque lambeau de son cœur, qui n'aurait pas de mépris pour ce siècle, où tout se vend, où il y a des marchands de poésie, des marchands d'amitié, des marchands de conscience, des marchands de gloire, des marchands de vertu ; — pour ce monde à jamais perdu, où il y a des amis, mais où il n'y a plus d'amitié, où il y a des amoureux, mais où il n'y a plus d'amour...

Robert ne put arrêter un soupir.

Pour ce monde où il y a des poëtes, mais où il n'y a plus de poésie, où il y a des glorieux, mais où il n'y a plus de gloire, où il y a des hommes, mais où il n'y a plus de Dieu ?

Le marquis balançait son front attristé.

— Dans ce monde-là, reprit Robert, j'ai vu un poëte mort à la poésie, un eunuque dans le sérail des muses, ayant à sa cour de beaux adolescents, dont il aspirait la sève, la jeunesse, l'amour, la poésie; — le vampire suçait leur sang, et dérobait d'un regard avide tous les trésors de leurs âmes. — J'ai vu une jeune fille appelant son amant en cour d'assises, où elle l'accusait de l'avoir profanée, pour prouver à l'univers qu'elle avait de la vertu; — j'ai vu des marchands d'eaux minérales de la Seine; — j'ai vu des médecins traiter leurs malades avec des perles; — j'ai vu donner le prix Monthyon à un mauvais roman; — j'ai vu des maîtres d'école devenir de célèbres critiques, et de mauvais auteurs devenir de fameux avocats; — j'ai vu que la croix ne se donnait plus aux soldats qui passent leur vie à servir leur pays, mais à des marchands qui passent leur vie à servir leur personne;

— j'ai vu presque toutes les comédiennes avares et vertueuses ;— j'ai vu des philanthropes empoisonner les pauvres avec de la soupe économique ;— j'ai vu les saturnales romaines, sans amour pour les excuser. — Je passerais un siècle, monsieur, pour vous dire toutes les misères que j'ai vues.

— Et le remède à toutes ces misères ?

— Il n'y en a point :— le monde dégénère parce qu'il vieillit. Le monde est un géant qui passe comme nous par tous les âges ; les siècles sont pour lui des années ; jusqu'au déluge ce fut le beau temps de son enfance, ce fut son âge d'or, et cet âge ne fut point chanté par les poëtes, car la poésie était dans tous les cœurs, et les poëtes, qui sont les anges ou les démons du malheur, n'étaient point encore apparus. Dans sa jeunesse, le monde aimait et croyait ; il eut alors des poëtes pour chanter les dieux et les amours. Aujourd'hui le monde arrive au déclin de la jeunesse, au désenchantement de toutes choses. — Le monde en est déjà aux regrets; il cherche vainement à déguiser son âge : je lui trouve tous les jours un cheveu blanc. Il a laissé sur son chemin deux trésors qu'il ne retrouvera pas : l'ignorance, la croyance. En échange, il a trouvé cette pensée qui le dévore : le doute. Il a perdu un autre trésor plus regrettable encore, la jeunesse, qui est aussi l'amour. Voilà pourquoi il s'en va sur le chemin de la vie en s'affaiblissant de jour en jour; voilà pourquoi il n'a plus ni sève, ni force, ni ardeur; voilà pourquoi nous sommes tous faibles et incomplets; voilà pourquoi nous n'aimons plus que le passé, car tout est dans le passé : la beauté, l'art, l'amour, la poésie; — il n'y a que la mort dans l'avenir — la mort, car après le doute la science viendra pour le monde; — et croyez-vous que la science soit autre chose que la mort?

Le marquis semblait étourdi par les divagations de Robert.

—Oui, monsieur, le monde devenu vieux succombera sous la science. — Où est le remède à ce malheur ? je vous le demande à mon tour. — Le monde est mort à l'amour, à la force, à la poésie, à l'espérance; s'il se ranime par intervalles à ces grandes et belles choses, ce ne sera que d'une ardeur artificielle ou passagère, comme celle du vieillard qui s'enivre ou qui se ressouvient de sa jeunesse.

— Plus que jamais, la vie sera le chemin de la mort, dit M. de Vermand.

—, Un triste chemin, qui finit dans la tombe, poursuivit Robert.

L'heure sonna au village ; il s'arrêta avec angoisses, et M. de Vermand se leva pour partir.

—Je suis charmé de vous avoir rencontré dans ce mauvais monde, dit-il à Robert; vous savez le chemin de mon château, faites-moi l'honneur d'y venir dans vos ennuis. Je m'en vais de ce pas trouver un pépiniériste qui m'attend. Adieu, monsieur; — votre nom?

— Mon nom! dit Robert avec amertume, je n'en ai pas; mon père n'a pas jugé à propos de me donner le sien.

M. de Vermand pâlit.

— Un maître d'école, qui m'a recueilli à l'hospice, a été plus généreux que mon père; il se nommait Robert, je me nomme Robert.

Le marquis sortit avec agitation. Robert le conduisit en silence jusqu'au bord de l'eau, surpris de l'inquiétude que l'hôtesse avait vainement essayé de cacher par une mine souriante.

Ce jour-là madame d'Épinay ne vint pas.

Le lendemain fut un jour terrible pour Robert. Chaque heure qui sonnait lui semblait le glas funèbre de madame d'Épinay.

Malgré sa douleur, il ne pouvait s'empêcher de penser à Camille : les deux images de ses amours s'effaçaient l'une par l'autre, il les regardait passer, il les adorait à la fois.

III

Vers le soir n'espérant plus revoir madame d'Épinay, et voulant mourir le jour même, il s'en fut au cimetière dire adieu à la tombe de sa mère. Il pria long-temps à l'ombre du saule, et s'en retourna dans l'île en jetant un douloureux regard sur le ciel.

sur les arbres, sur la verdure, sur la rivière, sur toute la nature qu'il croyait voir pour la dernière fois. Il rentra dans le pavillon et en ressortit bientôt, après avoir légué à l'hôtesse tout ce qu'il avait. Il fit quelques détours dans l'île, pour s'assurer que nul ne serait là pour le sauver, et se trouvant seul, il s'approcha du bord touffu d'où on voyait se dérouler le grand chemin venant de Paris. Le grand chemin se voilait déjà des vapeurs du crépuscule. Il y plongea encore son regard, tout en froissant dans ses mains une lettre précieuse qu'il avait brûlée de ses lèvres; c'était la lettre de madame d'Épinay. Il la savait par cœur; il n'était pas un seul mot de cette lettre qui ne fût écrit dans sa mémoire en caractères d'or, pourtant il la relut avec autant d'angoisses que la première fois; — quand il arriva à cette ligne terrible : *Si le jour de ma fête je ne suis pas à Soucy, je serai morte*, il devint plus pâle et plus égaré, il toucha encore la lettre de ses lèvres de feu, et se laissa glisser dans la rivière.

A cet instant un cri aigu traversa le silence ; Robert se retint aux grandes herbes et tourna la tête vers l'île, soudainement ranimé à l'espérance ; mais au lieu de voir madame d'Épinay, il vit la jeune marquise qui, toute saisie d'épouvante, le regardait en tressaillant. L'enfant qui la suivait toujours était à quelques pas d'elle, s'ébattant sur les feuilles sèches. Robert flotta un instant entre la rivière et Camille, entre la mort et la vie. Le regard de la jeune marquise fut si suppliant, qu'il s'élança dans l'île. Et qui sait d'ailleurs s'il se fût noyé ? Camille effrayée de sa pâleur, de ses yeux égarés, ne sachant si c'était lui ou son ombre, perdit la tête et frissonna au toucher de sa main. Ils demeurèrent durant plus d'une minute silencieux comme deux malheureux qui se rencontrent, mais leurs yeux se confièrent toutes leurs pensées.

Camille, sans cesse tourmentée de ne plus revoir Robert, et pressentant qu'il mourrait ce soir-là, à moins que madame d'Épinay ne vînt à Soucy, avait fini par braver son devoir et par accourir à lui, pendant que son mari faisait un acte dans le village.

Les amants désolés se promenèrent en silence dans les détours de l'île; — enfin, s'arrêtant tout-à-coup, Robert dit à la jeune marquise :

—Madame d'Épinay est morte à cette heure, madame.

Camille pencha la tête et versa deux larmes.

— Espérons, murmura-t-elle.

Robert, qui vit ses larmes, lui saisit les mains et les baisa.

Perdus dans leur douleur, perdus dans leur amour, ils se remirent à marcher et ne se dirent plus rien.

A la nuit, Robert reconduisit Camille. En passant devant la fontaine, la plus douce de leurs promenades, la jeune femme regarda Robert avec une mélancolie ineffable.

— A demain, lui dit-elle.

IV

Robert retourna dans l'île; il se promena long-temps dans les sentiers les plus touffus, plus morne et plus désolé que jamais. L'hôtesse, qui cueillait des pêches dans son verger, l'entrevit parmi les grands arbres et l'appela par un signe de main;

mais au lieu d'aller à elle, il retourna sur ses pas, comme s'il eût craint d'échapper à sa douleur. Il maudissait sa lâcheté, qui l'avait empêché de mourir ; il s'approchait des bords de l'île pour regarder la rivière mollement agitée qui devait lui servir de tombe; mais Camille l'arrêtait par un fil d'or; il détournait sa vue des flots, il fuyait au milieu de l'île avec d'horribles battements de cœur, il essayait de rafraîchir son âme en regardant le ciel. Le ciel était sombre, et la nuit en tomba plus noire que la veille ; la nature était sombre comme le ciel; le vent ne soufflait point, la rosée seule inclinait doucement les feuilles jaunies.

Ce ciel si morne, cette brume si froide qui couvrait les étoiles d'or et le front d'argent de la lune, cette nuit si sombre qui ensevelissait la terre, ce silence de mort que les orfraies et les chouettes coupaient de leurs cris sauvages, avaient étrangement attristé Robert, qui finissait par ne plus savoir où il était.

Après avoir erré long-temps à l'aventure, il se retrouva devant le pavillon et alla s'appuyer contre la porte où long-temps il demeura, voyant à l'autre bout de l'île trembler la lumière du cabaret dans la tête échevelée d'un saule. De noires visions passèrent dans son imagination ; ce n'étaient que linceuls, ce n'étaient que tombeaux, ce n'étaient que cyprès funéraires ; il se croyait parfois dans un caveau sépulcral, et la lampe du cabaret lui semblait la lampe éclairant le sommeil des morts.

Tout-à-coup il vit glisser une ombre sous les platanes ombrageant le pavillon ; il tressaillit et se détacha de la porte pour mieux voir ; mais l'ombre disparut au même instant ; il attendit vainement durant quelques minutes les yeux ouverts, l'oreille au guet ; il pensa que la vision n'était qu'un jeu de son imagination ; mais bientôt sous les grands saules pleurant dans la rivière l'ombre lui apparut encore ; il s'élança tout éperdu vers les grands saules, et l'ombre s'envola ou s'évanouit; son œil errant dévora les alentours : il ne vit plus que la rivière brunie, les arbres noirs, et la lumière tremblante du cabaret; l'effroi le saisit et il courut s'enfermer dans le pavillon, l'âme traversée de mille étranges visions.

Il s'était jeté sur son lit plus agité qu'un damné dans les flammes; bientôt il redevint calme, et ouvrit sa fenêtre pour rafraîchir son front. Le vent s'éveillait dans les bois voisins et déchirait peu à peu le voile embrumé du ciel; le rossignol jetait sa note plaintive, les chiens aboyaient dans le fond de la vallée.

Robert, qui avait la mort dans l'âme, se demandait si l'ombre qui avait passé sous les platanes et sous les saules était l'ombre de madame d'Épinay, quand une chanson de marinier couvrit les notes plaintives du rossignol et les aboiements des chiens. Il regarda vers la rivière et entrevit une nacelle qui remontait le courant. La lune qui l'éclairait alors se cacha sous un nuage, et il la perdit de vue. Il sortit à la hâte du pavillon et s'avança rapidement dans le sentier qui borde le bras droit de la rivière, espérant revoir la nacelle ou plutôt espérant distinguer ceux qui étaient dedans. Il allait atteindre le verger de l'hôtesse quand la lune échappa au nuage et répandit sa clarté nocturne dans toute la vallée; il revit bientôt la nacelle qui fuyait au loin, — dans la nacelle le batelier qui ramait en chantant, et une femme en robe noire et en chapeau blanc. Robert vit sans s'émouvoir ce chapeau blanc et cette robe noire qu'il aimait tant; par une bizarrerie de l'amour, il ne se souvenait point d'avoir vu madame d'Épinay ainsi vêtue et ainsi coiffée.

La nacelle disparut encore, et Robert entra chez l'hôtesse, qui s'amusait à tourmenter la somnolente rêverie d'un chat étendu dans l'âtre sous le rayonnement d'un grand feu de fagots. Il lui raconta ses visions de la soirée; elle s'empressa de lui dire que ces visions ne l'étonnaient pas; que plus de vingt fois en sa vie elle avait vu des fantômes; — et il murmurait : — C'est l'ombre de madame d'Épinay, qui m'est apparue pour me dire que je suis un lâche. — Cette femme que j'ai vue dans la nacelle, c'est aussi son ombre. — Je vais la voir partout pour ma punition.

Robert était si éperdu qu'il n'osait retourner la tête dans la crainte d'avoir d'autres visions. Il s'assit au coin du feu et se prit à son tour à jouer avec le chat pour cacher à Mariette sa faiblesse et son trouble; mais l'hôtesse, qui voyait toujours ce qui se passait en lui, lui dit, pour excuser son effroi sans doute, que les plus courageux avaient eu peur des ombres; que le superbe Turenne n'osait passer la nuit devant un cimetière. Et comme la pauvre hôtesse avait peur elle-même, et que cette peur avait un grand et poétique charme devant un beau feu, elle poursuivit le cours de ses histoires de spectres, espérant retenir Robert pendant toute la soirée.

V

Cette femme en robe noire et en chapeau blanc, qui était une vision pour Robert;— c'était madame d'Épinay.

Elle avait vainement essayé de mourir; son amour avait repoussé la mort, et elle venait chercher l'oubli de sa faute dans l'amour de Robert.

En arrivant de Paris, elle était descendue chez un pauvre batelier qui avait sur le bord de la rivière une chaumière, une nacelle, de mauvais filets, une femme et une nichée d'enfants qui glanaient pendant l'été, qui mendiaient pendant l'hiver. Elle avait prié le pêcheur de la conduire à l'île de Soucy, devant le pavillon de Robert.

C'était vers le soir; le ciel était serein, la terre était calme. Robert et Camille se promenaient en silence par les sentiers perdus. Tout triste que fût madame d'Épinay, elle pensait à la joie que Robert ressentirait en la revoyant. En moins d'une demi-heure la nacelle toucha l'île ; madame d'Épinay s'élança dehors, le batelier tendit ses filets en la bénissant et s'en fut au cabaret. Guidée par je ne sais quel fatal instinct, elle traversa les sentiers pour aller au pavillon.

Et comme elle étouffait ses remords, comme elle songeait doucement à l'amour, elle entrevit Robert et Camille. Elle voulut s'élancer vers eux, s'imaginant que son amant et son amie s'étaient isolés pour parler d'elle, pour la plaindre, pour la regretter; mais elle vit leurs regards, elle vit Robert s'arrêtant avec émoi devant Camille et lui baisant amoureusement les mains. La pauvre femme chancela; sans une branche où elle s'appuya elle fût tombée évanouie sur l'herbe. La jalousie la ranima bientôt; mais la plus horrible des douleurs, la douleur de voir se briser la dernière ronce qui l'arrêtait dans l'abîme, étouffa sa jalousie; elle s'enfuit tout épouvantée de son désespoir; elle alla retrouver le batelier, puis elle retourna sur ses pas, et demeura plus d'une heure dans l'île, aux alentours du pavillon; — enfin, elle redescendit dans la nacelle du batelier, qui la reconduisit à sa chaumière, où elle passa la nuit dans les angoisses les plus terribles.

VI

Camille avait dit : A demain ; — le lendemain Robert alla voir Gérard, et sortit avec elle en promenade; ils suivirent l'avenue de la fontaine et dépassèrent la pierre sculptée qui leur servait de banc, sans songer à s'y reposer.

A quelques pas de la fontaine de Soucy, une vaste prairie déploie une belle nappe verte que l'eau dormante du marais coupe à divers endroits; du côté de la rivière cette prairie est bordée de touffes de chênes et d'oseraies, ombrageant un sentier désert à peine connu du pâtre. Dans leurs promenades à la fontaine, Gérard, sa femme et Robert avaient été quelquefois dans ce beau sentier vert pour y cueillir des branches d'aubépine parmi les buissons bordant l'autre côté. Robert avait gardé un précieux souvenir de ce lieu toujours désert, et quand il sortait de l'île, c'était souvent pour aller là. L'île lui rappelait toujours Clotilde, ce sentier vert ne lui rappelait que Camille : il respirait avec délices, comme un souffle laissé par la jeune marquise, le parfum de la verdure et des fleurs sauvages perdues dans l'herbe.

Ce soir-là, Camille se laissait plus indolemment que jamais emmener par Robert; elle était si bien perdue dans son amour, qu'elle arriva dans le sentier vert sans se douter qu'elle y fût. La nuit allait couvrir le ciel et la terre; l'horizon était sombre, le soleil à son déclin ne pouvait rayonner au travers d'une grande nue ombrageant le monde.

L'enfant qui la suivait s'était arrêté à la fontaine aux jeux des écoliers, et elle ne songeait pas à le rappeler.

— J'ai eu, la nuit passée, un songe horrible, dit-elle tout-à-coup en regardant Robert. — J'étais seule dans le château de Vermand, seule dans cette grande salle où une pauvre hirondelle est venue se jeter à mes pieds; je regardais les lambeaux flottants de la tapisserie, quand l'hirondelle est revenue voleter dans la salle en me demandant la liberté d'un cri plaintif. Comme vous, il y a deux mois, je courus ouvrir la fenêtre, et quand je revins vers la pauvre oiselle, hélas!...

Camille était pâle et tressaillante; Robert la supplia du regard de poursuivre son récit.

— Hélas! reprit-elle avec un sourire amer, quand je revins vous étiez dans la salle, et vous aviez étouffé l'hirondelle, notre souvenir; — vous l'aviez étouffée sur votre sein où elle s'était réfugiée.

— Clotilde! Clotilde! murmura Robert en pâlissant.

Un remords terrible gémissait dans son âme.

— La pauvre petite ouvrait encore son œil éteint, et semblait regretter la vie; elle battait de l'aile comme pour s'élancer dans le ciel sa patrie, et vous l'étouffiez! — Pauvre hirondelle, mourir dans la jeunesse et dans l'amour! — J'étais effrayée de vous voir si barbare.

— Les rêves sont des mensonges, madame, dit Robert d'une voix étouffée, — vous reverrez l'hirondelle.

A cet instant Robert vit passer une forme noire à travers les buissons; il tressaillit et pressa le bras de Camille en songeant à cette étrange vision qui l'avait poursuivi la veille.

En voyant l'agitation de Robert, Camille s'arrêta avec surprise.

— C'est une chose étrange, lui dit-il, hier, dans l'île, j'ai vu flotter une ombre autour de moi, et je viens de revoir cette ombre là-bas dans ce bouquet de buissons; — c'est l'ombre de Clotilde, madame.

— Clotilde! s'écria Camille; vous avez revu Clotilde, monsieur!

Robert ne répondit pas et prit lentement la main de la jeune femme, qui sembla attendre sa réponse pendant quelques secondes, et qui, se trouvant offensée de son silence, retira sa main avec l'indécise lenteur qu'il avait mise à la prendre.

L'hôtesse qui, depuis son second veuvage, était toujours en deuil, apparut alors vers la fontaine, et tendit à Robert sa main en signe d'appel.

— Je vous cherche depuis une heure, lui dit-elle en l'abordant, votre sœur est retrouvée! — votre sœur vous attend dans l'île! — hâtez-vous d'accourir.

La jeune marquise était pâle comme la mort. — Robert, violemment ému, lui offrit de la reconduire chez elle avant de retourner dans l'île; — elle refusa, et après un profond salut elle s'en alla vers la fontaine.

Au bout du sentier elle regardait Robert, et l'hôtesse dans le champ de sainfoin bordant la rivière, quand une femme s'élança devant elle.

— Clotilde! Clotilde! s'écria-t-elle avec effroi.

Madame d'Épinay la contempla en silence; — elle était plus pâle encore que son amie; ses yeux avaient un éclat fascinant:

— l'éclat de l'amour, de la jalousie, de la colère.

— Je comprends votre regard, lui dit-elle enfin, — votre regard effaré, qui semble me dire : Vous n'êtes pas morte !

Il se fit un triste silence.

— Tu es folle, Clotilde, dit Camille d'une voix tremblante; je suis ravie de te voir, mais la surprise m'a glacée; — tu sais que je t'aime ! ne suis-je pas la plus ancienne de tes amies?

Madame d'Épinay feignit de croire aux paroles de la jeune marquise.

— Oui, Camille, je suis folle, l'amour m'égare.

— Mais Robert ne t'a donc pas vue?

— Il m'a vue, mais il n'a cru voir qu'une ombre; — je suis morte pour lui.

Clotilde saisit la main de Camille, et l'entraîna vers la rivière.

— Où allons-nous? demanda Camille avec effroi.

Madame d'Epinay regardait silencieusement la lune qui venait de se lever sur son lit de nuages.

— La belle nuit! murmura-t-elle.

— Où allons-nous? dit encore Camille toute chancelante.

Madame d'Epinay l'entraînait toujours sans lui répondre.

VII

Elles traversèrent le champ de sainfoin déjà légèrement arrosé, et se trouvèrent bientôt sur la rive, que les flots caressaient mollement. Leurs regards plongèrent ensemble dans l'île, qui se dessinait en formes noires sur les flots blanchis par la lune.

Un batelier étendu sur l'herbe se leva à la vue de madame d'Epinay, et descendit dans une nacelle amarrée parmi les roseaux. Madame d'Epinay descendit aussi dans la nacelle, suivie de Camille qu'elle entraînait toujours en silence. La nacelle se détacha du bord, et madame d'Epinay dit au batelier de faire le tour de l'île. Il prit les rames, et se mit à chanter cette vieille chanson du pays :

> La belle marinière
> Dont j'aime le pied blanc,
> La belle marinière
> Traverse la rivière
> Sur son bateau fringant.

Les deux amies semblaient écouter cette chanson, mais elles n'entendaient pas, tant elles étaient au fond de leurs âmes. Madame d'Epinay contemplait la lune, le ciel bruni, les franges argentées des nuages, — et par intervalles son regard s'élançait dans l'eau murmurante. Camille ne levait ses yeux que pour regarder Clotilde, dont la pâleur funèbre lui faisait peur; elle n'osait plus lui demander où elle l'emmenait; elle se résignait à son silence amer, et s'abandonnait à la destinée comme la nacelle au courant.

—Vous aimez Robert? lui dit tout-à-coup madame d'Epinay en lui saisissant la main et en l'aveuglant d'un regard enflammé.

Elle pencha tristement la tête, et frémit au toucher glacial de la main de son amie.

—Vous êtes sur les bords de l'abîme, et vous ne voyez encore que des fleurs, insensée! si vous vous doutiez de la profondeur du gouffre, d'où on ne peut sortir, vous frémiriez comme un enfant qui voit la mort; —je suis au fond de l'abîme et j'y verse des larmes de sang; mais le repentir ne sauve pas dans ce monde qui n'absout jamais.

La jeune marquise tremblait comme une feuille. Le batelier chantait toujours, et sa chanson se perdait dans les bruits du vent, qui courbait les grands arbres de l'île.

—Vous ne répondez pas, vous l'aimez donc bien?— Hélas! moi je l'ai trop aimé, j'ai tout perdu pour lui, et le voilà perdu pour moi.

Madame d'Epinay leva les yeux au ciel, et Camille, qui ne pouvait parler, pencha sa tête attristée vers les vagues blanchissantes.

Il y avait une douleur infinie dans le tableau de cette femme penchée au-dessus de la rivière comme au-dessus d'un abîme, et de cette femme qui contemplait le ciel pour se reposer de ses maux sur la terre.

Dieu seul a pu savoir quelles lugubres pensées tourmentaient alors ces deux femmes. Le batelier les regardait, et, les voyant plus pâles et plus sombres, sa chanson s'attrista peu à peu. En l'écoutant, elles croyaient entendre une litanie.

Quand la nacelle glissa devant la maison de l'hôtesse, madame d'Epinay voyant un pêcheur sur la roche, prit une lettre sur son cœur et le pria de la remettre à Robert. Le pêcheur s'empressa d'obéir, et quand la nacelle se fut éloignée de la rive, madame d'Epinay dit à Camille d'une voix solennelle : — Prions Dieu de nous pardonner.

Camille, plus effrayée que jamais, s'inclina devant madame d'Épinay comme un coupable devant son juge; — en vain elle essayait de parler, sa voix était morte.

— Prions Dieu, reprit Clotilde en relevant au ciel ses yeux pleins de larmes.

Camille détourna sa blanche tête et se remit à regarder les vagues. Le batelier cessa de chanter, et le silence qui suivit fut le plus lugubre des silences. On entendait dans le lointain les mugissements du vent et la voix funèbre des oiseaux de proie. Le ciel se nuageait de plus en plus, et la lune souvent cachée n'apparaissait que pour un instant.

— Prions Dieu, dit encore madame d'Epinay, qui ne pouvait détacher son regard du ciel.

La jeune marquise, toujours penchée vers la rivière, semblait ne point entendre son amie.

— Robert, Robert, murmura-t-elle sourdement.

— Robert! s'écria madame d'Épinay.

Et tout éperdue, la pauvre femme se jeta sur Camille, l'enlaça de ses bras, et l'entraîna dans la rivière. Son élan fut si rapide, que le batelier avait à peine lâché les rames, quand elle disparut avec son amie sous les flots agités. Il s'élança après elles en criant au secours.

VII

Quand Robert aborda dans l'île avec l'hôtesse, une femme assise sur la roche, auprès d'une touffe de framboisiers dont elle s'amusait à abattre les dernières feuilles, courut à lui les bras tendus, les yeux rayonnants, la bouche entr'ouverte pour se refermer sur un baiser fraternel. Cette femme, qui était la sœur de Robert, cette femme, qui n'avait pas toujours été une sœur pour Robert, c'était Presciosa.

Presciosa n'était point la fille de la duègne qu'elle appelait sa mère, non plus que de l'indigne vieillard qu'elle appelait son père. La duègne l'avait prise au berceau, et seulement à l'heure de sa mort elle lui avait révélé qu'elle était enfant de l'hospice. Et après cet aveu elle lui avait remis l'écharpe que Mariette avait laissée autour des enfants.

Robert ne fut guère joyeux d'apprendre que Presciosa était sa sœur; quoiqu'il eût perdu toute croyance en la vertu, il songeait avec peine que sa sœur n'en avait pas. On pardonne à toutes les femmes leurs péchés d'amour, on ne pardonne jamais à sa sœur.

Après les premiers embrassements, Robert et Presciosa entrèrent chez l'hôtesse qui s'était empressée de renvoyer deux buveurs. Un fagot d'épines sèches flambait dans l'âtre; Presciosa alla s'asseoir auprès; Robert la suivit et la regarda tristement en appuyant son front rembruni contre le manteau de la cheminée. L'hôtesse, penchée sur la grande table des buveurs, se mit à plumer sa plus belle volaille à la lumière d'une lampe dont la flamme voletait au vent.

— Quelle étrange idée vous a conduite en ce désert? dit Robert à Presciosa.

— D'abord, répondit-elle indolemment, j'ai voulu voir mon pays; ensuite je savais que vous étiez en ce village; j'espérais d'ailleurs dévoiler un peu le mystère de ma naissance. — C'est le ciel qui m'a envoyée pour vous demander; car, à ma vue, cette femme qui vous aime plus qu'une mère a été saisie comme à la vue du portrait d'un ami. Elle ne cessait de me regarder et semblait en proie à de vieux souvenirs. Elle m'a demandé d'une voix timide si j'étais de ce pays, je lui ai raconté à cœur ouvert comment une comédienne m'avait enlevée de l'hospice de —, et m'avait remis en mourant une écharpe qui pouvait servir à me faire reconnaître. La pauvre hôtesse qui était morte de joie m'ouvrit ses bras tremblants et me pressa sur son sein.

— Dans son silence, je m'imaginai que c'était ma mère — et je vous avoue que cette idée me charmait peu — quand elle s'écria : — Vous êtes la sœur de Robert; vous êtes venue trop tard pour voir votre mère qui est là-bas. Et disant ces mots, l'hôtesse plongea un morne regard vers le cimetière de ce village et s'enfuit tout-à-coup pour vous aller dire toute sa joie.

Presciosa s'amusait à tourmenter deux boucles de cheveux retombant sur ses joues; — elle s'ennuyait déjà.

Robert, l'âme traversée de mille pensées désolantes, qui étaient mille flèches empoisonnées, contemplait avec douleur cette femme morte à tout, hormis à l'ennui, qui est déjà la mort.

— Ma vie est un ennui éternel, reprit Presciosa ; mon âme, rebelle à tous les sentiments, s'est toujours ouverte à l'ennui. On m'a dit que le ciel était bleu, que les arbres étaient verts, que la neige était blanche : tout me semble gris ou noir, car je vois tout à travers l'ennui. Quand vous êtes venu dans la troupe errante de la duègne, je m'ennuyais déjà ; pourtant si cette vie changeante et vagabonde lasse quelquefois, elle n'ennuie jamais la jeunesse : je m'ennuyais, et j'avais seize ans. — Tout le monde m'aimait ; j'étais une reine, une idole, vous vous en ressouvenez, Robert, — et je ne ressentais pas un seul rayon de tous ces soleils. Vous seul peut-être, vous m'avez touchée ; vos œillades trop fraternelles m'ont fait souvent rêver ; mais je ne vous aimais pas. Ennuyée de toute la province, j'avais d'ardentes aspirations vers Paris : la duègne, que je croyais ma mère, m'enchaînait autour d'elle. Quand je ne vous vis plus dans la troupe, mon ennui devint plus sombre encore; je me révoltai, je brisai mes chaînes, et je courus à Paris où je languis d'abord dans la misère. Dans la misère, je m'ennuyais moins. J'étais belle, et bientôt je fus accueillie à l'Opéra. J'y devins une mauvaise chanteuse, et je fus puissante, et j'eus ma cour comme une reine. J'essayai de dissiper mes ennuis dans les amours, je m'entourai de mille soupirants divers, et je n'en ai pu jamais aimer un seul. Je suis donc maudite du ciel, qui verse à tous une larme d'amour pour consoler de la vie. Mon cœur est sec, c'est un désert dans la nuit; je suis la plus à plaindre des femmes : je n'aime rien, ni la vie ni la mort; je suis la plus à plaindre des femmes, Robert ! je m'ennuie sur la terre, et j'ai peur de m'ennuyer au ciel.

Presciosa était morne et froide; elle semblait étrangère à tout ce qu'elle disait.

— Vous avez la douleur, vous autres, reprit-elle en lissant ses cheveux, vous avez le désespoir, vous avez des larmes pour pleurer; moi je pleure éternellement sans larmes.

Robert regardait sa sœur avec effroi.

— Je vous l'ai dit, mon cœur est un désert où chaque sentiment passe sans jamais s'arrêter. — Vous êtes mon frère, et je ne suis pas votre sœur. Je ne suis pas votre sœur, puisque mon cœur ne s'anime pas près du vôtre. Ce soir, j'espérais qu'en vous voyant quelque chose enfin s'éveillerait en moi — et rien! j'ai pourtant un cœur; mais Dieu a oublié d'y mettre de l'amour.

VIII

A cet instant, le pêcheur entra dans le cabaret et tendit à Robert la lettre de madame d'Épinay. Robert saisit cette lettre et pâlit soudain. Puis l'ouvrant d'une main frémissante, il dévora du regard ces quelques lignes :

« *L'amour m'avait empêchée de mourir; j'espérais en votre cœur, et je revenais à vous; et pour m'oublier vous n'avez pas attendu l'heure où je devais mourir. Mais je ne dois pas me plaindre : j'ai brisé des serments faits à la face de Dieu, et Dieu m'a punie. Je vais mourir. Je regrette d'avoir repoussé la mort il y a deux jours, j'aurais emporté une espérance dans la tombe, aujourd'hui je n'emporterai qu'un désenchantement. Au couvent, j'aurais eu le pardon de M. d'Epinay; ici, je n'aurai même pas le vôtre; car une mauvaise idée me fascine. — O mon Dieu! donne-moi la vertu de repousser cette mauvaise idée. O Robert! l'oubli est si terrible! Au moins, si j'ai perdu votre amour, en me vengeant, j'aurai votre haine, c'est plus que l'oubli. — Non! non! c'est une lâche vengeance que celle-là. — Elle vivra pour être aimée.*

Je frémis à l'idée de mourir si près de vous et si loin de votre cœur.

Je ne vous dis plus adieu; j'ai été seule en ce monde, je serai seule au ciel.

Robert relisait cette lettre, quand tout-à-coup la porte s'ouvrit bruyamment, et le batelier entra avec une femme qui se débattait dans ses bras. L'eau ruisselait sur la robe de cette femme; sa chevelure pendante arrosait les dalles. Le batelier la déposa devant l'âtre et tomba mourant à son côté.

Presciosa regarda ce tableau avec l'insensibilité d'un curieux qui passe à la Morgue. L'hôtesse, saisie de terreur, ouvrit son lit d'une main défaillante, et Robert éperdu s'inclina au-dessus de la noyée qui entr'ouvrait ses paupières au feu.

Il reconnut madame d'Épinay.

— Clotilde ! Clotilde ! dit-il avec angoisses.

Il souleva la noyée dans ses mains et regarda d'un œil égaré sa face livide.

— O madame! madame, pardonnez-moi! reprit-il en chancelant.

Les flammes mourantes de l'âtre faisaient trembler de grandes ombres dans la salle, qui avait le sombre caractère d'un lieu funéraire. Robert, qui était horriblement pâle, doutait que ce fût une morte ou une vivante qu'il avait dans les bras. Il lui releva la tête, l'appuya sur son cœur, et essaya de la ranimer au feu d'un baiser; la noyée se ranima mais pour le repousser, et retomba épuisée. Robert était si éperdu qu'il ne songeait pas à la secourir; il la regardait avec égarement n'ayant pas une seule pensée.

Gérard, qui cherchait sa femme avec inquiétude depuis la nuit, entra dans le cabaret poursuivi d'un mauvais pressentiment. Il se jeta soudainement devant Robert qui soulevait toujours madame d'Épinay. A la vue de la noyée, il poussa un cri terrible;

et reconnaissant bientôt madame d'Épinay, il se mit à ricaner comme un fou. Robert le regarda avec amertume ; le pauvre notaire essaya vainement d'apaiser son rire grimaçant.

— Ce n'est pas Camille, murmurait-il d'une voix sèche ; — ce n'est pas Camille.

Le batelier, qui se réveillait à la vie, secoua alors la tête d'un air désespéré.

— Mais où est Camille ? dit tout-à-coup Gérard.

Madame d'Épinay sembla se ranimer ; elle entr'ouvrit encore ses yeux et fit chanceler Robert sous son regard.

— Dans la rivière, dit le batelier.

Gérard tomba à la renverse sur la table, et Robert faillit lâcher Clotilde qui murmura en refermant ses blanches paupières :

— Je l'ai sauvée !

IX

Gérard et l'hôtesse s'élancèrent hors du cabaret comme pour sauver Camille; par distraction, Presciosa les suivit nonchalamment; le batelier lui-même se traîna péniblement vers la rivière.

Robert demeura seul avec madame d'Épinay; il la transporta sur le lit de l'hôtesse, et, penché au-dessus d'elle, il la veilla avec la plus amoureuse sollicitude.

Madame d'Épinay n'était pas morte; mais elle se débattait avec la vie; il semblait qu'elle se crût encore au fond de la rivière.

Quand elle rouvrit les yeux, elle se rejeta au fond du lit à la vue de Robert.

— Camille! Camille! murmura-t-elle.

— Hélas! dit Robert, vous avez peur de moi.

— J'ai peur de votre amour, monsieur; votre amour m'a deux fois rendue criminelle. — Votre amour, hélas!

Madame d'Épinay sourit amèrement.

— Ne riez pas, ne riez pas de mon amour qui fut toujours digne de vous, madame.

— Ne m'offensez pas davantage, monsieur; ayez pitié de ma douleur! éloignez-vous.

Robert pencha tristement la tête et repartit :

—Si, pour vous, je ne suis plus un amant, permettez-moi d'être encore un médecin.

— Un médecin ! quand je demande la mort à grands cris.

Madame d'Épinay cacha son front dans l'oreiller.

— Dieu n'a pas voulu de moi, reprit-elle douloureusement ; Dieu me condamne à vivre. — Vivre ! quand je suis morte dans le cœur de tous ; — vivre dans la honte du monde et dans votre oubli.

— Mon oubli ! madame, s'écria Robert.

— Je me trompais ; je voulais dire dans votre amour. — Hélas ! la raillerie est une arme qui nous blesse quand nous voulons nous en servir, nous autres pauvres coupables. — Mais Camille ! Camille ! pauvre enfant ! voyez, monsieur, dans quel mauvais chemin vous m'avez entraînée. Il n'y a pas un an que je vous ai vu, et déjà j'ai sacrifié à mon amour la plus chère de mes amies. O mon Dieu ! quelle horrible métamorphose ! Est-ce bien moi qui étais si pure et si douce; ou plutôt est-ce bien moi qui ai noyé Camille? Ce n'est point assez d'être maudite sur la terre, l'âme de Camille me maudit au ciel.

Madame d'Épinay se souleva avec effroi, et s'écria dans son délire :

— Mais c'est un crime horrible que j'ai commis! Ma vie à venir en sera le châtiment; je veux la passer à genoux et le front penché. — O mon Dieu ! je suis tout épouvantée de moi-même. — Je vous ai dit que c'était pour la sauver; mais ne me croyez pas, je vous aimais encore, et j'étais jalouse... A cette heure, tout est fini ; il y a un crime entre nous; et d'ailleurs...

— N'achevez pas, madame, je vous en supplie, je suis le seul coupable !

— Non, je n'achèverai point, je n'en ai plus la force.

Madame d'Épinay retomba sans mouvement.

X

Gérard courut comme un fou vers la rivière; la vue des flots ne l'arrêta point; et ce fut une chose désolante de le voir s'élancer dans l'eau en tendant les bras. Dans sa démence, il se souvint pourtant qu'il ne savait pas nager. Il revint sur ses pas, et se jeta dans une nacelle dont il saisit avidement les rames.

— Camille! Camille! s'écriait-il avec désespoir.

Le batelier ressaisissant ses forces vint à lui, dans la crainte qu'il n'allât rejoindre sa femme. Il lui conseilla de retourner chez lui, et lui donna l'espérance d'y retrouver Camille. Le pauvre notaire accueillit cette espérance trompeuse, et se mit à ramer vers le village. Pendant la traversée, le batelier, tapi dans la nacelle, lui apprit que madame d'Épinay s'était cachée dans sa chaumière sur le bord de l'eau, à une demi-lieue de Soucy; que la veille il l'avait amenée dans l'île où elle était demeurée plus d'une heure; qu'enfin, il était revenu avec elle avant la nuit, qu'elle l'avait quitté un instant sur la rive, et qu'elle avait reparu avec Camille pour se promener sur la rivière, où elle s'était élancée avec son amie dans un moment de délire.

Gérard, brisé par la douleur, appelait toujours sa femme à grands cris, en contemplant d'un œil morne les flots agités de la rivière. — Camille! Camille! criait-il d'une voix qui l'effrayait lui-même.

Le vent seul lui répondait par ses mugissements.

Penchées sur la roche de l'île, l'hôtesse et Presciosa n'entendaient que le soulèvement des flots, le balancement des grands arbres, et les cris désolés de Gérard.

Dès que la nacelle toucha la rive, Gérard s'élança vers la maison. — Plus il en approchait, et plus l'espérance d'y revoir Camille s'éloignait de son cœur. Il traversa toutes les chambres; et quand il fut devant le lit où tous les soirs il avait coutume de reposer son regard fatigué sur la tête endormie de sa femme, il s'arrêta plus ému et poussa un grand cri de désespoir. Les robes de Camille étaient éparses de tous côtés, un châle couvrait une bergère, une collerette était tombée sur le tapis. Gérard baisa la collerette, et le châle, et les robes, — et déchiré par la vue de toutes ces choses, il s'enfuit sans savoir où.

Comme il sortait de la cour, il vit un homme attachant un cheval à la porte : il reconnut M. d'Epinay.

Le jour de la fête de sa femme, M. d'Epinay avait été au couvent de Sainte-C — pour lui offrir le pardon de sa faute. — Ayant appris que Clotilde en était sortie pour aller en Normandie, il avait pensé à la jeune marquise de Mercœur, et sur-le-champ il s'était mis en route pour Soucy, comme entraîné par une inspiration du ciel.

Gérard l'emmena dans l'île sans lui rien dire, mais en lui révélant par ses regards désolés qu'un grand malheur était survenu. Ils entrèrent dans le cabaret. L'hôtesse, assise devant le feu, avait une femme dans ses bras : c'était Camille.

Le pêcheur, qui avait remis à Robert la

lettre de madame d'Épinay, avait entendu les appels du batelier ; il s'était élancé à la rivière, il avait sauvé Camille.

Gérard tomba agenouillé devant elle et la pressa silencieusement de ses mains et de ses lèvres. Elle se ranima bientôt à ses caresses et à ses baisers, et lui tendant les bras avec peine, elle lui demanda sa grâce.

M. d'Epinay, tout éperdu, jetait autour de lui un regard avide ; il voyait les deux pêcheurs à la table du cabaret, il voyait Gérard et sa femme, l'hôtesse et Presciosa, et il semblait leur demander à tous où était madame d'Epinay. Enfin il vit du mouvement dans l'alcôve, il s'élança vers le lit et se trouva en face de Robert, qui, craignant une scène fatale pour madame d'Épinay, entraîna le jaloux au milieu de la salle.

— C'est vous ! toujours vous ! s'écria M. d'Épinay avec fureur.

Il voulut saisir Robert et le briser sur les

dalles, mais madame d'Epinay ayant entendu sa voix sonore, s'élança hors du lit et se traîna péniblement à ses pieds. Elle était pâle comme la mort; sa longue chevelure couvrait ses épaules, ses blanches mains se joignaient sur son cœur, ses regards suppliants s'élevaient avec sa prière vers M. d'Epinay. Il détourna d'abord la tête avec mépris; mais bientôt sa colère tomba devant la souffrance de sa femme, et n'écoutant que la voix du cœur, il la releva.

— Oh! ne soyez plus jaloux! lui dit-elle animée d'un saint enthousiasme.

Et son regard, après avoir passé avec amertume sur Robert, se releva avec dignité sur M. d'Épinay et sembla le prier d'avoir confiance en elle.

— Vous me rendez la vie en me pardonnant, reprit-elle avec des larmes, — et ma vie est à jamais à vous.

Le batelier, le pêcheur, l'hôtesse et Presciosa elle-même, regardaient cette scène avec émoi. Gérard et Camille ne songeaient qu'au bonheur de se retrouver.

M. d'Epinay se ranima tout-à-coup à la vengeance, et se tourna vers Robert en agitant la main. Clotilde se suspendit à ses bras, et lui dit, en regardant Robert pour la dernière fois :

— Il vous a vengé.

LIVRE X.

La jeune marquise de Mercœur est redevenue la plus gaie et la plus charmante des
femmes, n'ayant d'amour que pour Gérard
et pour un enfant qu'elle a eu l'an passé.
Elle sait que les saintes joies de la famille
sont les seules joies de la femme. On la voit

souvent, endormant sa blonde fille sur son sein et souriant de bonheur sous les regards amoureux de Gérard.

De Camille à Clotilde.

Soucy.—Septembre 1837.

Depuis que tu es au bout du monde, tu ne m'écris pas, méchante amie; moi je ne me lasse pas, et ma pensée s'envole vers toi vingt fois par jour; je n'ai pas un secret que je ne t'envoie sur l'aile du vent. —Folle, toujours folle, n'est-ce pas?

Grâce à toi, grâce à la leçon que tu m'as envoyée prendre au fond de la rivière, où nous étions si mal, me voilà redevenue gaie, folle, insouciante comme autrefois; si tu étais là, je chasserais encore de ton âme les mauvais songes de tristesse.

Nous étions bien sottes, ma chère, d'abandonner le calme pour l'orage, le ravissement de l'âme pour l'ivresse du cœur, la pure joie du mariage pour le délire de l'amour. Si la main de Dieu ne nous eût sauvées de l'abîme, nous serions à cette heure de pauvres femmes délaissées, ayant au cœur plus de peine que d'amour; de pauvres brebis égarées du troupeau, comme nous disait si bien notre confesseur. Mais Dieu a été plein de clémence, il a répandu sur nous un parfum de sa grâce : aussi ma fille bégaie déjà son nom.

Quelle douce chose que les enfants, les beaux enfants comme ma fille, qui est un petit ange joufflu, un lutin ébouriffé, me becquetant sans cesse, grimpant sur moi comme un chat! Tous les soirs c'est un ravissant tableau de la voir autour de son père qui se fait enfant pour jouer avec elle.

Hier, Robert est venu avec sa sœur qui s'en va du pays, et qui voulait nous dire adieu avant de partir. La pauvre comédienne, qui s'ennuie toujours, parle d'aller au couvent ; voilà une idée lugubre qui ne me viendra jamais. Robert est toujours triste ; on dit pourtant qu'il va se marier, mais je crois que ce sont des contes.

Adieu, je baise ma fille en pensant à toi.

CAMILLE.

De Clotilde à Camille.

Pyrénées.—Octobre 1837.

Oui, ma douce et joyeuse Camille, nous étions folles de chercher l'amour et le bonheur où ils n'étaient pas; quels songes, quels vertiges nous égaraient donc ainsi? Nous allions bien loin pour ne rien trouver, quand tout ce que nous cherchions était si près! Nous sommes bien aimées toutes deux, et bénissons-en Dieu. En voyant autrefois la douleur de Gérard et de M. d'Épinay, n'avons-nous pas vu leur amour? Ce qui m'a perdue, c'est Paris, qui est un mauvais lieu pour les femmes; dans le désert où M. d'Épinay m'a emmenée, j'ai repris ma candeur et ma religion: tout m'y parle de Dieu; je n'ouvre jamais les yeux sans voir le ciel, les arbres, les fleurs; à Paris, je ne voyais nulle de ces divines images.

Notre désert est d'ailleurs un charmant village des Pyrénées, où nous avons quelques amis. Une sœur de M. d'Épinay est mariée là à un médecin qui me rappelle souvent ta folle gaieté.

Tu es bien heureuse, Camille, d'avoir un bel enfant qui pleure, qui rit, qui bégaie, qui joue, et qui dort sous tes yeux. Quelle douce consolation ! quelle joie de le bercer et de lui sourire ! c'est la seule que j'envie aujourd'hui ;—tu le sais, je ne suis pas mère. — Les enfants, Camille, sont nos dernières espérances...

Oui, c'est la seule joie que j'envie, car j'ai toutes les autres : je suis aimée de M. d'Épinay, et si je ne l'aime pas avec ivresse, au moins mon amour est durable comme tout ce qui est calme et pur.

Adieu.—Une lettre ici est une solennité : écris-moi, non sur l'aile du vent qui est un mauvais messager. — Adieu, Camille.

CLOTILDE.

En voyant ta dernière lettre, M. d'Épinay a pâli, il n'a pu réprimer un élan de jalousie à la seule idée que cette lettre venait de Soucy. Ne me parle jamais que de Gérard et de ta fille, — de toi surtout.

Vous le voyez, madame d'Épinay semble avoir oublié Robert en se réfugiant dans les saintes joies de la famille. M. d'Épinay se confie à elle avec amour. Elle est triste encore, mais sa tristesse n'a point d'amertume. Devant M. d'Épinay sa bouche est toujours souriante : a-t-elle enchaîné son cœur dans le devoir, ou l'image de Robert s'est-elle évanouie de son cœur ? sourit-elle d'amour ou de dévouement ? qu'importe ! son sourire est doux : après l'amour, le dévouement, n'est-il pas la plus belle religion des femmes !

Le soir, à la nuit tombante, madame d'Épinay s'isole dans sa chambre, et chante comme au temps où Robert l'écoutait. La poésie des souvenirs a pour elle des parfums enivrants ; — elle aime à feuilleter le roman du passé.

II

Un soir que Robert allait au cimetière de Soucy, il vit, en abordant la rive, le marquis de Vermand aux derniers arbres de l'allée qui conduit à la porte de ce champ funèbre.

M. de Vermand semblait accablé sous la

douleur, tant il était triste et chancelant; il s'appuyait et se reposait contre tous les arbres.

Robert, craignant de le troubler, prit un détour dans les prairies voisines.

M. de Vermand franchit le seuil du cimetière, jeta un morne regard autour de lui, et s'avança avec un pieux recueillement vers la fosse de Suzanne.

En passant devant le monument de mademoiselle de la Roche, il s'arrêta, sourit avec amertume et s'empressa d'aller plus loin.

En arrivant à la fosse de Suzanne, il se sentit plus pâle et plus chancelant; longtemps il demeura sous le saule, regardant l'herbe touffue qui cache les ossements de Suzanne.

Il tomba agenouillé, et sa douleur éclata en sanglots.

Robert, dont le regard avait toujours suivi M. de Vermand, s'approcha de la haie bordant l'autre côté du cimetière, et vit avec une grande surprise cette vieille douleur parlant à l'ombre de sa mère.

Un éclair traversa sa pensée.

— Je l'avais toujours pressenti, murmura-t-il; voilà mon père.

Et se rappelant aussitôt le délaissement de Suzanne, il ressentit au fond du cœur un mauvais sentiment.

Ce fut la dernière fois que le marquis de Vermand alla consoler les ossements de Suzanne. — Quelques jours après, n'ayant plus rien à aimer sur la terre, son âme remonta au ciel.

A ses derniers moments, l'hôtesse qui jusque là n'avait pas osé lui dire que Robert et Presciosa étaient ses enfants, recueillit tout son courage et lui fit cet aveu.

M. de Vermand demanda à Dieu quelques jours de plus; mais pour le punir encore, Dieu lui ferma soudainement les portes de la vie, Dieu ne lui permit pas d'avoir à son lit de mort des enfants qu'il avait lâchement abandonnés.

Il avait envoyé l'hôtesse vers Robert, mais il mourut avant son retour; il mourut comme il avait vécu : — seul !

Robert n'était pas dans l'île quand l'hôtesse y courut pour lui dire que son père le demandait. Il n'y revint que le soir, quand la vieille cloche de Soucy sonna la mort du marquis de Vermand.

— Pour qui ce glas? demanda-t-il à l'hôtesse aussitôt qu'il la vit.

— Pour M. de Vermand.

L'hôtesse soupira.

— Priez pour votre père, Robert.

— Oui, mon père, murmura-t-il avec une amère indifférence ; — je ne l'aimais pas.

III

Avant de mourir, Olivier a eu le temps de changer son testament; il a voulu que le château de Vermand, donné en dot à sa jeune cousine, retournât aux enfants de Suzanne. Suivant ce testament, Camille n'a eu droit à l'héritage du marquis qu'en abandonnant à Robert et à Presciosa le domaine de Valvert.

Robert s'est isolé dans ce vieux château, qui est le plus triste des châteaux. Le vent et la pluie en abattent tous les jours quelques pierres ; il aime la vue de ces ruines, où s'épanouissent çà et là des fleurs sauvages. Il ne songe pas à réparer les ravages du temps envers qui nous luttons tous en vain. Son âme est aussi un château en ruines qu'il ne veut pas relever ; c'est une sombre solitude dont il aime le silence funèbre, c'est le tombeau de son amour. Cette sombre demeure a pour lui un charme douloureux ; le souvenir de Suzanne y est partout inscrit ; souvent il lui semble que l'âme de sa mère voltige autour de lui.

Au dernier automne, Gérard, qui faisait un inventaire à la ferme voisine, alla voir Robert, et le trouva tristement penché au-dessus du gué où plus d'une fois Suzanne a lavé ses robes en songeant à Olivier. Les deux amis se promenèrent long-temps dans les grandes salles désertes par un silence lugubre. Tout-à-coup ils s'arrêtèrent à la vue d'une hirondelle qui se brisait les ailes contre les vitres. Robert s'en fut nonchalamment à la fenêtre, et demeura bientôt abîmé de surprise et de douleur en reconnaissant l'hirondelle d'autrefois. La pauvre prisonnière avait encore à sa patte le ruban de Camille; il la saisit, il baisa ses ailes et lui rouvrit le ciel en songeant à madame d'Épinay et en murmurant : *Si tu la vois, dis-lui que je l'adore.*

Dans le mois de décembre quatre charrettes pleines de pierres et deux charrettes pleines d'ardoises ont passé sous la porte massive du château de Vermand; on pense dans le pays que le nouveau maître du domaine en relèvera les tourelles aux premiers beaux jours; — l'espérance relève-t-elle déjà de ses mains hardies un château dans l'âme de Robert?

On se confie, à Valvert, que Robert n'est pas toujours seul; on assure que plusieurs fois, à la nuit tombante, on a vu passer une femme en deuil dans le sentier qui va du village au château.

Pendant le mois de janvier un de nos célèbres paysagistes s'en est allé en Normandie chercher des modèles et des inspirations. Il s'est arrêté, par aventure, dans le pays où s'est passée cette histoire. Il a retracé l'île de Soucy avec son cabaret et son pavillon; il a retracé le vieux château de Vermand, le village de Valvert, le grand bois couronnant la montagne; — le grand bois dont les cerisiers sauvages avaient en automne un si doux charme pour Olivier et pour Suzanne. — Ayant appris qu'une belle copie de Raphaël ornait l'église de Valvert, il s'est empressé d'aller voir ce souvenir du grand maître. C'était un dimanche pendant la messe ; le curé faisait cette annonce à l'assistance :

Il y a promesse de mariage entre M. Robert de Vermand, marquis de Cœuvres, et Madame Anaïs Lenormand, veuve de M. Louis Desmasures, demeurant tous deux en ce village ; si quelqu'un sait quelque empêchement, par lequel ledit mariage ne se puisse légitimement accomplir, il est prié de nous en donner l'avis.

Malgré ce style tant aimé de maître Desmasures, je pense que la mémoire du vieux jaloux a été singulièrement affligée à cette annonce. Si les morts revenaient, je ne doute pas qu'il en fût revenu, pour mettre empêchement audit mariage.

FIN.

Paris,

L. DESESSART ET Cⁱᵉ, ÉDITEURS,

RUE DE SORBONNE, 9.

ROMANS.

ARSÈNE HOUSSAYE.

La Pécheresse,   2 vol. in-8. 15 fr. » c.
Deuxième édition.

. . . .

Il y a un livre admirable qui a enfanté toute une famille d'ardentes créations, *Manon Lescaut*. Déjà, depuis quelques siècles, les passions s'étaient révoltées sous le nom de don Juan, et semblaient protester contre toute compression. Manon Lescaut, ce don Juan femelle, a commencé le cri de révolte, continué de nos jours par les Leone Leoni, les Lelia, les Pulchérie, les Octave, les Dafné, ces puissantes créations, inquiètes et insatiables, qui vont se précipitant au devant de toutes les satisfactions des sens.

Le livre de M. Arsène Houssaye appartient à ce genre de littérature qui s'inspire des drames de la passion humaine : c'est l'histoire de Théophile de Viau, le poète de Louis XIII. Le romancier a placé le poète entre les deux amours qui se disputent sans cesse le domaine du cœur : l'amour idéal et l'amour sensuel. Dès la jeunesse du poète, on aperçoit ces deux tendances qui se remplaceront tour à tour, mais qui ne se détruiront jamais. Théophile a dix-huit ans ; il erre autour du château natal, il aspire le parfum des fleurs, il rêve en contemplant le bleu du ciel. Une jeune fille s'offre à ses regards et fait tressaillir son cœur : c'est Cloris ; elle est pure comme le bleu du ciel, mystérieuse comme le bocage. Le poète a trouvé son idéalité. Mais Cloris a une sœur, Dafné, autre Pulchérie, autre Manon ; et sans cesse le cœur de Théophile flotte de Cloris à Dafné : ce sont deux passions irrésistibles, deux dominatrices qui commandent ensemble. Sur la fin de cette lutte, on voit apparaître une délicieuse figure de jeune fille, Mignonnette, qui semble réunir ces deux extrêmes. On espère un moment que le poète, battu par toutes ces tourmentes, va se reposer enfin dans un amour qui résumera

ROMANS.

ARSÈNE HOUSSAYE.

les deux autres; mais Dafné, mais la volupté flétrit Mignonnette, et Théophile meurt avec la Pécheresse sous les regards célestes de Cloris, qui apparaît à leur mort comme un ange envoyé pour pardonner la frénésie de leurs amours. Ce livre intéresse vivement. Le style a d'ailleurs beaucoup de charme, et me rappelle involontairement la sculpture de la renaissance, et surtout la sculpture de Germain Pilon. C'est une même finesse, un même éclat, une même variété; enfin, les faits et les caractères y sont conduits avec la logique de la passion; ils s'y déroulent naturellement, sans exagération et sans démenti. . . . .
. . . . (*Le Siècle.*)

LA COURONNE DE BLUETS,   1 vol. in-8.   7 fr. 50 c.

Pour paraître :

LES AVENTURES GALANTES DE MARGOT,	1 vol. in-8.	7	50
LA BELLE AU BOIS DORMANT,	1 vol. in-8.	7	50
LE SERPENT SOUS L'HERBE,	2 vol. in-8.	15	»
MADAME DE POMPADOUR,	2 vol. in-8.	15	»
LES MIGNONS DU ROI DE CASTILLE,	2 vol. in-8.	15	»
HISTOIRE DU ROMAN ET DES ROMANCIERS,	2 vol. in-8.	16	»

ROMANS.

ERNEST MÉNARD.

Pen March,	1 vol. in-8.	7 fr. 50 c.
Budic Mur, marine du XIVe siècle,	2 vol. in-8.	15 »
Quiberon, 2e édition,	2 vol. in-8.	15 »
Le Champ des Martyrs, suite de Quiberon,	2 vol. in-8.	15 »

Pour paraître :

Robert d'Arbrissel,	2 vol. in-8.	15 »
La Baie des trépassés,	2 vol. in-8.	15 »
Bon repos,	2 vol. in-8.	15 »

A. DE FRANCE.

Les Prisonniers d'Abd-el-Kader, 2 vol. in-8. 12 »

ornés du portrait d'Abd-el-Kader, et du plan de Tékédemta.
Deuxième édition.

GUSTAVE WEST.

Un Homme entre deux Femmes, 1 vol. in-8. 7 50

ROMANS.

JULES DE SAINT-FÉLIX.

Cléopatre, reine d'Égypte,	2 vol. in-8.	15 fr. »
Mademoiselle de Marignan, 2ᵉ éd., 1 vol. in-8.		7 50

« Aujourd'hui, M. de Saint-Félix nous donne un roman de pure imagination, *Mademoiselle de Marignan*, histoire du cœur, pensée et écrite avec une exquisse sensibilité. Cette fois, M. de Saint-Félix n'a rien à craindre de la critique : son roman, plein d'un doux intérêt et d'un charme irrésistible, laisse dans l'ame une vive et profonde émotion ; c'est un livre simple et poétique, plein d'esprit et de sentiment. Mademoiselle de Marignan est une jeune femme qu'un vieillard a épousée pour l'enrichir ; comme *Adèle de Sénanges*, elle est aimée par un jeune poète, Fernand d'Arona, qui, après avoir appris son mariage, part pour la Grèce, comme lord Byron.

» Le récit est orné de scènes charmantes et de gracieuses descriptions. Un dénoûment dramatique et déchirant termine l'histoire de cette chaste et dramatique passion, où trois cœurs se brisent. M. Jules de Saint-Félix a été heureusement inspiré, et nous l'aimons autant sur les sommets du Cantal que sur les bords du Nil. »   (*Extrait du Courrier français.*)

Pour paraître :

Le colonel Richmond,	2 vol. in-8.	15 »
La Fiancée de Raphael,	ol. in-8.	15 »

Mᵐᵉ TULLIE MONEUSE.

Trois ans après,	1 vol. in-8.	7 50

Pour paraître :

Régina,	2 vol. in-8.	15 »

ROMANS SOUS PRESSE.

ARSÈNE HOUSSAYE.

La Belle au bois dormant,	1 vol. in-8.	7 fr. 50 c.
Les Aventures galantes de Margot,	1 vol. in-8.	7 50
Le Serpent sous l'herbe,	2 vol. in-8.	15 »
Madame de Pompadour,	2 vol. in-8.	15

JULES DE SAINT-FÉLIX.

Le colonel Richmond,	2 vol. in-8.	15 »

ALPHONSE ESQUIROS.

Le Magicien,	2 vol. in-8.	15 »

ÉMILE BARRAULT.

Un Roman,	2 vol. in-8.	15 »

ERNEST MÉNARD.

Robert d'Arbrissel,	2 vol. in-8.	15 »

MADAME TULLIE MONEUSE.

Régina,	2 vol. in-8.	15 »

H. RAYNAL.

Boquillon le Pied-bot,	2 vol. in-8.	15 »

ÉLIE RAYMOND.

Les Sentiers perdus,	1 vol. in-8.	7 50

LIVRES SCIENTIFIQUES.

ÉMILE BARRAULT.

Occident et Orient, études politiques, morales et religieuses, 1 fort vol. in-8.   8 fr.

Guerre ou paix en Orient, suite d'*Occident et Orient*, 1 vol. in-8.   4 »

FRÉDÉRIC DE BROTONNE.

Conservateur de la bibliothèque Sainte-Geneviève.

Histoire de la filiation et des migrations des peuples, 2 forts vol. in-8.,   16 »

L'*Histoire des Peuples* est une collection de monuments nationaux isolés, qu'il devient chaque jour plus nécessaire de coordonner et de placer sous un point de vue qui embrasse l'humanité tout entière. Lier les peuples entre eux pour en former une chaîne dont ou puisse suivre le développement n'est pas un travail de simple curiosité : on conçoit que de l'unité de l'espèce humaine découle la vérification en fait de la théorie philosophique et religieuse de la fraternité humaine, et, dans un siècle positif, on se soumet plutôt aux démonstrations qu'aux vérités de sentiment. Constater l'unité de l'espèce au milieu de ses variétés, et l'unité de civilisation antérieurement aux mille divergences que le temps et les événements ont produites, c'est donc établir la véritable base des droits et des devoirs sociaux. C'est ce travail de coordination qu'a entrepris M. de Brotonne, conservateur de la bibliothèque de Ste-Geneviève. L'histoire l'a conduit à reconnaître dans l'Asie centrale le premier peuple dont sortirent tous les autres ; mais cette vérification eût été imparfaite en restant isolée; en effet, s'il n'y a qu'un premier peuple, il n'y a qu'une chronologie, qu'une religion et qu'une langue, c'est ce qu'il vérifie successivement dans l'histoire de la filiation et des migrations des peuples. L'auteur a gardé pour lui les difficultés des discussions, et n'offre que les résultats et les rapprochements, en indiquant les sources. C'était le seul moyen de diminuer l'étendue de l'ouvrage, et de lui donner un intérêt de narration et de style qui en rendît la lecture facile et attachante.

Classiques Grecs

ADOPTÉS POUR L'EXAMEN AU BACCALAURÉAT ÈS-LETTRES,
AVEC TRADUCTION TRÈS LITTÉRALE EN REGARD DU TEXTE,

PAR M. VENDEL HEYL,
Professeur au collége royal de Saint-Louis.

DIALOGUES DES MORTS, DE LUCIEN,	1 f. 50
CYROPÉDIE DE XÉNOPHON, livre premier,	1 80
CYROPÉDIE DE XÉNOPHON, livre second,	1 20
ŒDIPE ROI, tragédie de Sophocle,	1 60
APOLOGIE DE SOCRATE, par Platon et Xénophon,	1 50
VIE DE MARIUS, par Plutarque,	1 80
VIE DE SYLLA, par Plutarque,	1 60

Les mêmes auteurs, GREC SEUL, *sont aussi en vente et coûtent moitié prix.*

SOUS PRESSE :

VIE DE CICÉRON, par Plutarque.
DISCOURS D'ESCHINE CONTRE CTÉSIPHON.
DISCOURS DE DÉMOSTHÈNE, *de coronâ.*
PREMIÈRE OLYNTHIENNE de Démosthène.
SECONDE OLYNTHIENNE de Démosthène.
HÉCUBE, tragédie d'Euripide.
1, 2, 3 ET 4e LIVRES DE L'ILIADE.

La Collection de tous les Classiques grecs adoptés pour l'examen au baccalauréat ès-lettres, avec la traduction en regard du texte, formera quatre volumes grand in-18 dont le prix ne dépassera pas 24 francs.

UNE GRAMMAIRE FRANÇAISE, par M. VENDEL HEYL.

Imprimerie de Henri Dupuy, rue de la Monnaie, 11.

Romans en vente :

La Pécheresse, par Arsène Houssaye. 2 vol. in-8°. 15 fr.
Le Magicien, par Alphonse Esquiros. 2 vol. in-8°. 15 fr.
Mademoiselle de Marignan, par Jules de Saint-Félix. 1 vol in-8°.
7 fr. 50 c.
La chasse aux fantômes, par Arnould Frémy. 1 vol. in-8°.
7 fr. 50 c.
Régina, par madame Tullie Moneuse. 2 vol. in-8°. 15 fr.
Les aventures galantes de Margot, par Arsène Houssaye. 1 vol. in-8°. 7 fr. 50 c.
Quiberon, par Ernest Ménard. 2 vol. in-8°. 15 fr.
Madame la duchesse de Bourgogne, par Jules de Saint-Félix. 1 vol. in-8°. 7 fr. 50 c.
Trois ans après, par madame Tullie Moneuse. 1 vol. in-8°.
7 fr. 50 c.
Un homme entre deux femmes, par Gustave West. 1 vol. in-8°.
7 fr. 50 c.
Les prisonniers d'Abd-el-Kader, par A. de France. 2 vol. in-8°.
12 fr.

La Comédie de la mort, par Théophile Gautier. Un beau vol. grand in-8°. 10 fr.
Orient et Occident, par Emile Barrault. 1 vol. in-8°. 8 fr.
Guerre ou paix en Orient (suite), par le même. 1 vol. in-8°.
4 fr.
Histoire de la filiation et des migrations des peuples, par M. F. de Brotonne. 2 vol. in-8°. 16 fr.
Histoire d'Angleterre, par Mme Pauline Rolland. 2 beaux vol. in-12. 5 fr.

Imprimerie de BOURGOGNE et MARTINET,
30, rue Jacob.

www.ingramcontent.com/pod-product-compliance
Lightning Source LLC
Chambersburg PA
CBHW060510170426
43199CB00011B/1397